Teufel - Dämonen - Besessenheit

Grünewald Reihe

Alexandre Ganoczy, Der schöpferische Mensch und die Schöpfung Gottes

Thomas Pröpper, Der Jesus der Philosophen und der Jesus des Glaubens

Walter Kasper, Zur Theologie der christlichen Ehe

Gisbert Greshake / Gerhard Lohfink (Hg.), Bittgebet — Testfall des Glaubens

Walter Kasper / Karl Lehmann (Hg.), Teufel – Dämonen – Besessenheit

Walter Kasper/Karl Lehmann (Hg.)

Teufel - Dämonen - Besessenheit

Zur Wirklichkeit des Bösen

Mit Beiträgen von Walter Kasper, Karl Kertelge,
Karl Lehmann und Johannes Mischo

Matthias-Grünewald-Verlag, Mainz

Autorenverzeichnis

Walter Kasper, geb. 1933. Dr. theol. o. Professor für Dogmatische Theologie an der Universität Tübingen.
Karl Kertelge, geb. 1926. Dr. theol. o. Professor für Exegese des NT an der Universität Münster.
Karl Lehmann, geb. 1936. Dr. phil. et theol. o. Professor für Dogmatik und Ökumenische Theologie an der Universität Freiburg.
Johannes Mischo, geb. 1930. Diplompsychologe. Dr. phil. o. Professor für Psychologie und Grenzgebiete der Psychologie am Psychologischen Institut der Universität Freiburg.

CIP-Kurztitelaufnahme der Deutschen Bibliothek

Teufel, Dämonen, Besessenheit: zur Wirklichkeit d. Bösen / Walter Kasper; Karl Lehmann (Hrsg.).
Mit Beitr. von Walter Kasper ... – 1. Aufl. –
Mainz : Matthias-Grünewald-Verlag, 1978.
(Grünewald-Reihe)
ISBN 3-7867-0672-7
NE: Kasper, Walter [Hrsg.]

2. Auflage 1978

Reihengestaltung: Kroehl/Offenberg
Gesamtherstellung: Fränkische Gesellschaftsdruckerei GmbH, Würzburg

INHALT

VORWORT DER HERAUSGEBER

Seit gut einem Jahrzehnt gibt es im deutschen Sprachraum eine theologische Diskussion um die Deutung der biblischen Aussagen und der kirchlichen Überlieferung über die Dämonen und den Teufel. Der tragische »Fall Klingenberg« hat schlagartig die damit verbundenen Probleme auch einer größeren Öffentlichkeit vor Augen gestellt. Schlimmste Folgen eines verfehlten »Teufelglaubens« wurden plötzlich sichtbar. Neu aufgebrochene Phänomene des Satanismus und des Satanskults in aller Welt zeigten zusätzlich, wohin eine dem christlichen Glauben entlaufene Dämonologie führen kann.
Die theologische Diskussion ist, mindestens im deutschen Sprachraum, mit dem Namen des katholischen Alttestamentlers Herbert Haag (und seiner Mitarbeiter) verbunden. Dabei ging es vor allem um die Frage: Ist der Teufel, wenn es ihn überhaupt gibt, ein personales Wesen oder eine chiffreähnliche »Personifikation« des Bösen bzw. der Sünde? Den theologischen Verfassern dieser Beiträge ging es um eine unvoreingenommene Weiterführung der aufgeworfenen Fragen. Sie haben von der Problemstellung Haags auch dann gelernt, wenn sie seinen Antworten nicht folgen. Im übrigen ging es ihnen nicht um Gegnerschaft und Polemik, sondern um Differenzierung und sachliche Klärung.
Der Neutestamentler Karl Kertelge, durch mehrere Veröffentlichungen zum Thema ausgewiesen, gibt eine zusammenfassende Übersicht über den biblischen Befund, wobei besonders die Exorzismen des Neuen Testaments eine ausführliche Deutung erfahren. Johannes Mischo, Nachfolger von Hans Bender auf dem Freiburger Lehrstuhl für Psychologie und Grenzgebiete der Psychologie, sucht nach dem harten Kern dessen, was man »dämonische Besessenheit« nennt. Sein umfassend informierender und mit wissenschaftlicher Sachlichkeit geschriebener Beitrag hilft viele Mißverständnisse klären und könnte zum Fundament einer neuen Beschäftigung der Theologie mit dem Phänomen der Besessenheit und des Exorzismus werden. Die Herausgeber haben sich die dem systematischen Theologen gestellte Arbeit geteilt. Sie waren übereinstimmend der Meinung, daß eine genauere Deutung des biblischen Befundes in einem umfassenderen theologischen Rahmen erfolgen muß. Die Frage nach der Existenz der Dämonen und des Teufels kann nur vom theologischen Problem des Bösen überhaupt her zureichend gestellt und beantwortet werden. Auf diesem Boden müssen dann auch die oft erörterte »Personalität« des Teufels und ihre Bestreitung neu verhandelt werden.

Alle Beiträge sind unabhängig voneinander entstanden. Dennoch ergibt sich eine sachliche Konvergenz in allen wesentlichen Fragen. In diesem Sinne will der gemeinsame Band auch Grundlagenarbeit leisten für konkrete Konsequenzen im Bereich der Praktischen Theologie und der kirchlichen Praxis. Eine kleine Hilfe dafür möchte das Sachregister am Ende des Bandes sein, das von den Mitarbeitern des Dogmatischen Seminars der Universität Freiburg i. Br. zusammengestellt wurde.

Februar 1978 Walter Kasper / Karl Lehmann

Karl Kertelge

TEUFEL, DÄMONEN, EXORZISMEN IN BIBLISCHER SICHT

Teufel und Dämonen werden in den biblischen Büchern, vor allem des Neuen Testaments, mit einer gewissen Selbstverständlichkeit vorausgesetzt und als irgendwie bekannte Gestalten des Bösen vorgestellt. Ihr Wesen und Aussehen wird nirgendwo eigens beschrieben. Es werden ihnen aber Namen und Bezeichnungen gegeben, ihr Verhalten und ihre Tätigkeit werden in vielfältiger Weise dargestellt, so daß es möglich ist, sich ein Bild von ihnen zu machen. Für eine zusammenfassende Darstellung wird somit weniger die Frage ihres *Daseins* als vielmehr die nach ihrem *Sosein* zu behandeln sein. Allerdings wird im Zusammenhang mit einer Untersuchung ihres »Wesens« und ihrer Funktion auch noch einmal die Frage nach dem »Wie« ihres Daseins, nach ihrer mehr oder weniger großen Selbständigkeit, relevant.

Unvergleichlich häufiger, vielfältiger und ausdrücklicher als im Alten Testament ist im Neuen Testament vom Teufel und von Dämonen die Rede. Deswegen berufen sich Theologen für die Darstellung der »biblischen Dämonologie« mit Vorzug auf das Neue Testament[1]. Tatsächlich treten die betreffenden Sachverhalte im Neuen Testament nicht nur in größerer Dichte, sondern auch in beachtenswerten theologischen Zusammenhängen hervor. Dennoch wird eine theologische Interpretation des biblischen Befundes auch das innerbiblische Gefälle von Altem und Neuem Testament zu bedenken haben, um den Kontext der einschlägigen Aussagen nicht voreilig einzuengen.

Von besonderer Bedeutung für eine theologische Erhellung der biblischen Aussagen vom Teufel und den Dämonen sind die Verkündigung und das Verhalten Jesu. Es besteht kein Zweifel, daß Jesus, seine Jünger und die Autoren der neutestamentlichen Schriften mit der Existenz des Teufels und von Dämonen gerechnet haben. Diese Feststellung läßt allerdings verschie-

---

[1] So neuerdings wiederum das Dokument der Kongregation für die Glaubenslehre zum Thema »Christlicher Glaube und Dämonenlehre« (1975). Daß der alttestamentliche Befund hier übergangen wird, wird in den Besprechungen dieser Studie oft beobachtet und herausgestellt. Vgl. die von W. Breuning und mir eingeleitete Ausgabe in deutscher Übersetzung: Christlicher Glaube und Dämonologie (Nachkonziliare Dokumentation Bd. 55), Trier 1977.

dene Interpretationen zu. Will man nicht einem naiven Biblizismus folgen, der unkritisch die biblische Anschauungswelt und damit auch die »weltanschaulichen« Implikationen der Verkündigung und des Verhaltens Jesu zum Glaubensinhalt erklärt, dann scheint die Frage unabweisbar, ob die antiken Anschauungen von Teufel und Dämonen, die Jesus und seine Jünger teilten, nicht für uns unter den Voraussetzungen eines anderen Weltbildes überholt und von den eigentlichen Intentionen des Evangeliums zu trennen sind. In diesem Sinne wird heute vielfach das bekannte Wort von Rudolf Bultmann zitiert, mit dem er die Dringlichkeit seines Programms der Entmythologisierung illustriert: »Man kann nicht elektrisches Licht und Radioapparat benutzen, in Krankheitsfällen moderne medizinische und klinische Mittel in Anspruch nehmen und gleichzeitig an die Geister- und Wunderwelt des Neuen Testaments glauben«[2]. Dagegen bleibt allerdings die Frage, ob die gebrauchten Vorstellungen und Bilder ohne weiteres von einem doch intendierten Sachverhalt zu lösen sind und ob Teufel und Dämonen in der Verkündigung und im Wirken Jesu nicht eine derartig konstitutive Bedeutung haben, daß wir selbst bei veränderten Vorstellungen mit ihnen ebenso ernst rechnen müßten wie mit der zentralen Wirklichkeit der Gottesverkündigung Jesu.

Gegenüber dieser heute sehr interessiert gestellten Frage dürfte eine nüchterne theologische Abwägung des biblischen Befundes für eine erwartete Glaubenshilfe geboten sein. Eine der Heiligen Schrift wie dem überlieferten Glaubensbekenntnis gemäße Fragestellung zu diesem Thma richtet sich vor allem auf das Verhältnis dämonologischer Aussagen zur Gottesverkündigung des Alten und Neuen Testaments.

I. SPRACHLICHER BEFUND

1. Unterscheidungen

So geläufig im heutigen Sprachgebrauch die Zuordnung von Teufel, Dämonen und Exorzismen ist, so sehr gilt es, im biblischen Sprachgebrauch, zwischen dem Teufel (immer in der Einzahl[3]) und den Dämonen zu unter-

---

[2] R. Bultmann, Neues Testament und Mythologie, in: Kerygma und Mythos, hrsg. von H.-W. Bartsch, Hamburg-Bergstedt [4]1960, 18.

[3] Nur im jüdischen Schrifttum begegnet gelegentlich der Plural, etwa aethHen 40, 7 und im Midrasch DtR 11 (207 c): »Sammaël, der Bösewicht, ist das Haupt aller Satane.«

scheiden. Die im Neuen Testament berichteten Exorzismen beziehen sich auf Phänomene, die als Besessenheit einzelner Menschen durch Dämonen oder »böse« bzw. »unreine Geister« gekennzeichnet sind, die in ihrer Darstellung vielfach auch bestimmte Krankheitssymptome erkennen lassen. Von einer »Teufelsaustreibung« sprechen die neutestamentlichen Schriftsteller nicht oder wenigstens nicht im gleichen Sinne wie von den Dämonenaustreibungen[4]. Daß die Dämonen in Mk 3, 22 Parr. Beelzebul als ihrem »Anführer« zugeordnet und Krankheitsfälle vom dritten Evangelisten auch auf die Einwirkung des Teufels zurückgeführt werden[5], läßt zwar gewisse Angleichungstendenzen zwischen den Vorstellungen vom Teufel und den Dämonen im Neuen Testament erkennen. Aber das berührt nicht den dominierenden Eindruck, den wir im Überblick über die neutestamentlichen Texte erhalten: Der Teufel, bzw. gleichbedeutend der Satan, ist nicht Gegenstand von Exorzismen, sondern der »starke« Gegenspieler Jesu und Gottes selbst, wie besonders die Evangelien erkennen lassen[6]. Ihm tritt Jesus in der Versuchungsgeschichte entgegen. Seine Niederlage verkünden mehrere Worte Jesu in den Evangelien. An anderen Stellen wird vor seinen Verführungskünsten gewarnt.

Die Unterscheidung von Teufel und Dämonen[7] betrifft sowohl die Herkunft der mit diesen sprachlichen Ausdrücken bezeichneten Vorstellungen als auch

---

[4] Nur Mk 3, 23 verwendet diese Sprechweise in einem Wort Jesu, das im argumentativen Zusammenhang des Streitgesprächs über seine Dämonenaustreibung die Unhaltbarkeit eines von den Gegnern vorgebrachten Vorwurfs verdeutlicht: »Da ... sprach er in Gleichnissen zu ihnen: Wie kann ein Satan den anderen austreiben?«

[5] Vgl. Lk 13, 16 (bezüglich einer kranken Frau: »eine Tochter Abrahams, die der Satan achtzehn Jahre lang gebunden hielt«); Apg 10, 38 (»Jesus von Nazaret ... der Gutes tat und alle heilte, die vom Teufel unterjocht waren«).

[6] Hierzu ist etwa an das Wort Jesu in Mk 3, 27 Parr. zu erinnern, das sekundär mit dem Streitgespräch über die Dämonenaustreibungen Jesu verbunden ist: »Niemand kann in das Haus des Starken hineingehen und seine Habe ausrauben, wenn er nicht zuerst den Starken bindet, und dann wird er sein Haus ausrauben.«

[7] Auf diese Unterscheidung legt auch die umfassende Darstellung von M. Limbeck, Satan und das Böse im Neuen Testament, in: H. Haag, Teufelsglaube, Tübingen 1974, 271–388, besonderen Wert. Die Konsequenzen, die er daraus zieht, sind allerdings zu einseitig auf rationale Erklärung gerichtet, etwa wenn er zusammenfassend feststellt: »Die uns geläufige Verbindung der Dämonen mit Satan war für die Menschen seiner Zeit weder selbstverständlich, noch wurde sie von Jesus ausdrücklich hergestellt. Daher verwehrt das Evangelium es auch niemandem, nach natürlichen Erklärungen für jene Erscheinungen zu suchen, hinter denen man im Laufe der Zeit Satan selbst zu sehen begann.« Die Feststellung, daß sich »in der Rede

ihre sachliche und funktionale Bedeutung in den biblischen Schriften. Beides ist im folgenden kurz zu skizzieren. Zunächst sei noch auf weitere notwendige Unterscheidungen hingewiesen.

Neben den personhaft vorgestellten Gestalten des Teufels und der Dämonen begegnen im Neuen Testament die gottwidrigen *»Mächte und Gewalten«*[8]. Zusammenfassend kann man sie mit Heinrich Schlier[9] als Entfaltungen der »einen satanischen Macht« verstehen und ihnen »eine Art personalen Wesens von Macht« zuschreiben. Für ein differenziertes Verständnis besteht allerdings die Aufgabe, die unterschiedliche Verwendung dieser Begriffe in den einzelnen Schriften und ihre Zuordnung – einmal zu Gott bzw. Christus als dienende Mächte, einmal zum Teufel als gottfeindliche Kräfte – zu beachten. Vorstellungsmäßig werden wir mit diesen Begriffen an entsprechende Anschauungen der jüdischen und hellenistischen Antike von überragenden und übergreifenden »kosmischen Potenzen«[10] verwiesen, die nicht von sich aus schon als dämonische Mächte wirken, sondern erst als Funktionen einer gottwidrigen Bewegung, in die sie hineingezogen werden.

Ganz anders ist schließlich der Begriff der *»Sünde«* im biblischen Schrifttum zu beurteilen. Er hat im Alten und im Neuen Testament eine sehr große Verbreitung, sowohl um einzelne Verfehlungen der Menschen als auch die in allem Sündigen der Menschen wirksame Macht zu bezeichnen. Die besonders in den Paulusbriefen begegnende und durchweg personifiziert gedachte transsubjektive Macht der Sünde läßt sich nicht ohne weiteres mit dem Teufel in Verbindung bringen oder gar mit ihm identifizieren. Ein solcher systematisierender Ausgleich zwischen den verschiedenen Begriffen und Vorstellungen, um die sich eine theologische Durchdringung des biblischen Befundes gewiß *auch* zu bemühen hat, führte schon vielfach zu Vereinfachungen und unerlaubten Erleichterungen. So sehr wir angesichts der vielfältigen Namen und Begriffe des in der Welt wirkenden Bösen den Eindruck einer vielfältigen, aber im Kern einheitlichen widergöttlichen Macht gewinnen, so wenig läßt sich für ihr sachgemäßes Verständnis von

---

vom Satan ... sehr oft theologische Hilf- und Ratlosigkeit« äußert (ebd. 387), stellt jedenfalls den biblischen Befund nicht in das richtige Licht und läßt das Bemühen um eine eingehende *theologische* Interpretation vermissen.

[8] Besonders häufig im Epheser- und Kolosserbrief; etwa Eph 1, 21; 3, 10; 6, 12; Kol 1, 16; 2, 10. 15, auch abwechselnd oder verbunden mit »Herrschaften«, »Throne«, »Engel«, »Geister«, »Namen«.

[9] Vgl. H. Schlier, Mächte und Gewalten im Neuen Testament (QD 3), Freiburg [2]1959, 63.

[10] J. Gnilka, Der Epheserbrief (HThK 10, 2), Freiburg 1971, 95.

dem spannungsreichen und unausgeglichenen Verhältnis der verschiedenen ins Auge gefaßten Größen absehen.
Bevor nach einer sogenannten biblischen »Dämonologie« oder »Satanologie« gefragt wird, ist zunächst nach den Sachverhalten zu fragen, die in den biblischen Texten mit den verschiedenen Begriffen angezeigt werden. Die neuere Sprachforschung und Textinterpretation verweist hierzu auf die entscheidende Bedeutung des jeweiligen Kontextes, in dem die Worte vorkommen und durch den ihre Bedeutung bestimmt wird. Daraus ergibt sich die Unverzichtbarkeit eines interpretativen Zugangs zu den Sachverhalten, die in den biblischen Schriften etwa mit »Teufel« und »Dämonen« bezeichnet werden. »Teufel« und »Dämonen« sind nicht schon immer fertige, ausdefinierte Größen, die in den biblischen Schriften daher überall in gleicher, eindeutiger Weise verwandt würden. Vielmehr gewinnen sie im biblischen Sprachgebrauch wie in den Erfahrungs- und Vorstellungszusammenhängen der zugrundeliegenden Überlieferungsbildung erst ihre Konkretion und »Eindeutigkeit«. Auf die beiden Begriffe von »Teufel« und »Dämonen« sollen sich unsere weiteren Ausführungen beschränken, um dadurch eine gewisse Grundlage für die Beurteilung des ganzen Problemfeldes zu erhalten.

2. Kontexte und Konkretionen

Was ergibt sich aus dem biblischen Sprachgebrauch von Teufel und Dämonen für das Verständnis der damit bezeichneten Realitäten?
Mit *»Teufel«* wird in den Übersetzungen des Alten und Neuen Testaments das griechische *diábolos* wiedergegeben, wovon das deutsche Wort »Teufel« als Lehnwort abgeleitet ist. In der Übersetzung des Alten Testaments begegnet »Teufel« nur in Weish 2, 24[11], im Neuen Testament dagegen 34mal. Der Wortsinn, im Griechischen »Verleumder«[12], »Entzweier«, »Widersacher«, konkretisiert sich im biblischen Sprachgebrauch in der Funktion des »Widersachers« zum Verhältnis von Gott und Mensch: Der Teufel ist derjenige, der Gott und Mensch »auseinanderbringen« will. Seine Wirksamkeit setzt also das schon mit der Schöpfung gegebene Verhältnis des Menschen zu Gott voraus.

---

[11] Unter Anspielung auf die Sündenfallgeschichte: »Aber durch den Neid des Teufels kam der Tod in die Welt, und es erfahren ihn alle, die jenem angehören.«
[12] Diese Bedeutung ist im Neuen Testament besonders im adjektivischen Gebrauch von *diábolos* in 1 Tim 3, 11; 2 Tim 3, 3; Tit 2, 3 klar zu erkennen: »verleumderisch«.

In gleicher Bedeutung sprechen die neutestamentlichen Schriften auch vom *»Satan«*[13]. Dem hebräischen Wortsinn entsprechend ist er der »Feind« des Menschen in seinem Verhältnis zu Gott und damit auch der Widersacher Gottes und seiner Absichten. Allerdings erfordert der alttestamentliche Sprachgebrauch von »Satan«[14] eine besondere Beachtung. An ihm zeigt sich, daß der Teufel im biblischen Verständnis nicht einer bloßen dualistischen Entgegensetzung zu Gott entstammt, sondern ursprünglich gleichsam ein »Funktionär« Gottes ist. Satan ist der Ankläger vor Gericht. Näherhin begegnet er als der Ankläger Josuas in Sach 3, 1 f und Ijobs im Prolog des Buches Ijob, als der »himmlische Staatsanwalt«, der rein formal »durchaus ein Interesse Gottes wahrt«[15]. Aber die ihm von Gott zugestandene Macht über den Menschen übt er in einer Weise aus, die seine menschenfeindliche Absicht deutlich hervortreten läßt. Besonders aufschlußreich ist 1 Chr 21, 1, wonach Satan »gegen Israel auftrat« und David zu einer Volkszählung verführte. Während es in der parallelen Stelle 2 Sam 24, 1 Gott selbst ist, der David hierzu aufreizt, stellt 1 Chr 21, 1 eine theologisch erleichternde Korrektur dar: Der Verfasser ersetzt Jahwe durch Satan und läßt so ein fortgeschrittenes Stadium der Satansvorstellung erkennen, durch die das ursprünglich vielschichtigere Gottesbild der alttestamentlichen Religion von scheinbar widersprüchlichen Zügen »entlastet« wird. Erst im späteren jüdischen und im neutestamentlichen Sprachgebrauch stehen Gott und Satan einander so unversöhnlich gegenüber, daß vom Sturz Satans durch Gott die Rede ist: Lk 10, 18; Joh 12, 31; Offb 12, 9 f. Erst von einem späteren Stadium des biblischen Sprachgebrauchs her läßt sich vom Teufel als einer eindeutig widergöttlichen Größe mit personhaften Zügen sprechen. Die alttestamentlichen Schriften sind viel zurückhaltender als die jüdischen und die neutestamentlichen, um in so »eindeutiger« Weise von einem Teufel und seinem Wirken in der Welt zu sprechen. Das Alte Testament läßt keinen Zweifel darüber, daß die Geschichte der Menschen von Anfang an von der Sünde gezeichnet ist. Aber erst in Weish 2, 24 wird das mythologische Bild der Schlange in der Paradiesgeschichte als »Teufel« identifiziert. Es dominiert die Sicht von der guten Schöpfung Gottes, die auch unter der Last des undurchschaubaren »Geheimnisses des Bösen« nicht verlorengeht.

---

[13] Im Neuen Testament 36mal.

[14] Im Alten Testament 18mal; 1 Chr 21, 1; Sach 3, 1 f und Ijob 1–2 durchgehend.

[15] G. von Rad, Art. diábolos, in: ThWNT II 72. Für das Neue Testament vgl. auch Offb 12, 10: »... der Verkläger unserer Brüder, der sie verklagte vor Gott bei Tag und Nacht.«

Weitaus häufiger als vom Teufel ist im Neuen Testament von den *Dämonen* die Rede[16]. Während die Evangelien sie in den Berichten über das heilende Wirken Jesu durchweg als Krankheitsdämonen kennzeichnen, d. h. als lebensfeindliche und die Kräfte des Menschen zersetzende Faktoren, identifiziert Paulus sie in 1 Kor 10, 20 f mit den heidnischen »Götzen«, mit denen die Glaubenden keine Gemeinschaft haben können[17].
Im griechischen Sprachverständnis sind Dämonen ursprünglich nicht notwendig nur negativ wirkende Mächte, sondern ambivalente »göttliche« Wesen, die das menschliche Dasein schicksalhaft beeinflussen. Die ganze Breite des Wortvorkommens im griechischen Sprachgebrauch läßt sich begrifflich nicht leicht zusammenfassen. Berücksichtigt man die Verwurzelung der Dämonenvorstellung in einer volkstümlich-animistischen Gedankenwelt und ihre allmähliche Integrierung in die Zusammenhänge der griechischen Kosmologie, so sind sie am ehesten als »persönliche Zwischenwesen«[18] zwischen Götter- und Menschenwelt anzusehen. Die Unberechenbarkeit ihres Auftretens und Wirkens hat sodann immer mehr dazu geführt, sie als Schadens- und Unheilsgeister anzusehen, wie sie im Neuen Testament begegnen.
Allerdings ist der neutestamentliche Sprachgebrauch nicht unmittelbar von der griechischen Vorstellungswelt abzuleiten, sondern von jüdischen Anschauungen vorbereitet. Das Alte Testament zeigt eine große Zurückhaltung gegenüber dem Dämonenglauben, wenngleich sich hier und da auch Spuren von offiziell – durch das Verbot der Zauberei – verdrängten volkstümlichen Dämonenvorstellungen finden. Wenn Saul nach 1 Sam 16, 14 von einem »bösen Geist« geplagt wird, so ist dieser Geist nicht ohne weiteres als dämonisches »Zwischenwesen« zu identifizieren, sondern an dieser Stelle ausdrücklich als eine von Gott ausgehende Kraft vorgestellt. Was der Mensch an Gutem und Bösem erfährt, wird hier wie in Ijob 2, 10 zwar deutlich unterschieden, aber noch auf ein und denselben göttlichen Ursprung zurückgeführt. Wenn Gott selbst nach Ri 9, 23 »einen bösen Geist zwischen Abimelech und die Bürger von Sichem« sendet, so zeigt sich hier nicht nur sein schwer begreifbares Wesen und Verhalten, sondern eine Verflechtung bibli-

---

[16] Die Worte *daímōn* bzw. in der Regel *daimónion* kommen im griechischen Neuen Testament 64mal vor. Zudem begegnet 13mal *daimonizómenos* = besessen. Gleichbedeutend mit Dämonen ist etwa 30mal auch von den »bösen« bzw. »unreinen Geistern« die Rede.

[17] Vgl. auch Offb 9, 20 und schon im Alten Testament die Gleichsetzung heidnischer Götter mit »Dämonen« (so ausdrücklich in der griechischen Übersetzung des Alten Testaments): Dtn 32, 17; Ps 96, 5; 106, 36 f.

[18] W. Foerster, Art. daímōn, in: ThWNT II 3.

scher Anthropologie und Theologie, durch die auch die Bewegungen der menschlichen Geschichte und die Impulse und Entschlüsse des menschlichen Herzens in das Geschichtswalten Gottes integriert werden[19]. Erst im Buche Tobias tritt der »böse Dämon Asmodi« als persönlich vorgestellter Schadensgeist auf, wohl nicht ganz ohne Einfluß der dualistisch verfaßten persischen Religion. Damit deutet sich eine Entwicklung an, die in Teilen der jüdischen Religion die zweifelhaften Blüten einer mythologisch entfalteten Dämonologie getrieben hat.

Es wäre allerdings verkehrt, das neutestamentliche Dämonenverständnis nur als unbekümmerte Rezeption jüdischer Geistervorstellungen verstehen zu wollen. Der Kontext der zeitgenössischen Umwelt ist im Neuen Testament zwar nicht zu übersehen, aber er wird durch die in den neutestamentlichen Schriften festgehaltenen neuen Erfahrungen, die im Auftreten Jesu ihren Ursprung haben, entscheidend modifiziert und im Sinne einer ursprünglicheren, dem Alten Testament verpflichteten Gottesvorstellung korrigiert. Dämonen sind Geister des Verderbens, in den Evangelien durchweg als Krankheitsdämonen verstanden. Ihre verunreinigende Wirkung im kultischen Sinne bringt ihnen von seiten des Judentums die Bezeichnung als »unreine Geister« ein. In der Sicht Jesu und seiner Jünger zeigen sie die Erlösungsbedürftigkeit des Menschen in der Welt an; ihre Überwindung durch Jesus und seine Jünger bezeugt die endzeitliche Selbstoffenbarung Gottes über die Welt. Unter der Zuwendung und dem Anspruch Gottes, den Jesus und seine Gemeinde wahrnehmen und verkünden, wird die Welt von der Plage der Dämonen befreit, entdämonisiert und zur »neuen Schöpfung« gewandelt. Dennoch bleibt die Warnung vor der Verführung der Glaubenden durch »Irrgeister und dämonische Lehren« (1 Tim 4, 1); sie hat wie im Judentum ihren festen Ort in der Deutung von Gegenwartserfahrungen als endzeitliche Ereignisse. Die endzeitliche Relevanz der Dämonen bzw. des Teufels und »seiner Engel« wird im Neuen Testament besonders in der Geheimen Offenbarung des Johannes festgehalten (9, 20; 12, 9; 16, 13; 18, 2). Hier fungieren sie, zwar deutlich unterschieden vom »Antichristen«, dem »Beauftragten« Satans und besonderen Gegenspieler des endzeitlich kommenden Christus, aber doch in seinem Umkreis und in ständiger Konspiration mit ihm.

Insgesamt ergibt sich in den biblischen Schriften keine einheitliche Anschauung vom Wirken des Bösen in der Welt. Dieser Eindruck betrifft auch die Frage nach dem *»personalen«* Charakter der verschiedenen Gestalten des

[19] Vgl. G. von Rad, Theologie des Alten Testaments, I, München ^{6}1969, 228 f.

Bösen. Im Blick auf die widergöttliche Natur des Bösen und seine willentlichen Kundgebungen in bestimmten konkreten Gestalten läßt sich von personhaften Zügen des Bösen sprechen. Im ganzen ergibt sich jedoch kein geschlossenes Bild, das den Begriff vom personalen Wesen uneingeschränkt rechtfertigen würde[20]. Dieser Eindruck wird noch dadurch verstärkt, daß es im Alten und Neuen Testament nicht unerhebliche Tendenzen gibt, die das Böse nicht als anonym wirkende Macht darstellen, sondern es im *Verhalten des Menschen* aufspüren und als *Sünde* benennen. So sehr das Neue Testament mit einer Vielgestaltigkeit des Bösen rechnet, so wenig ist zu übersehen, daß dem Anspruch theologischer Reflexion schon im Neuen Testament am ehesten der Begriff der Sünde entspricht. Ihm ist im Sinne einer biblisch orientierten Theologie ein eindeutiger Vorrang einzuräumen, wenn es darum geht, den Sachverhalt des Bösen im Zusammenhang von Theologie und Anthropologie darzustellen. Begriffe wie »Teufel« und »Dämonen« haben demgegenüber eine mehr supplementäre Bedeutung, um bestimmte Dimensionen der Wirklichkeit und Wirksamkeit des Bösen anzuzeigen und deutlich zu machen. In diesem Sinne soll ihre Bedeutung im folgenden nicht »heruntergespielt«, sondern aus dem Zusammenhang der zentralen Botschaft des Evangeliums erläutert und geklärt werden.

II. DER TEUFEL – GEGENSPIELER JESU UND SEINER GEMEINDE

1. Der Versucher und Verderber

An den meisten Stellen der Heiligen Schrift, die vom Teufel handeln, ist dieser der Versucher und Verderber der Menschen. Als Versucher und Verführer steht er nach der biblischen Überlieferung hinter dem Sündenfall des ersten Menschen. Als Versucher tritt er in den Evangelien auch Jesus am Anfang seines öffentlichen Wirkens entgegen. Die Darstellung dieser Szene läßt erkennen, welche »Rolle« der Teufel in der messianischen Geschichte Jesu zu spielen hat. Das Bild vom »Versucher« ist hier wie auch an anderen Stellen mit dem des »Verderbers« verbunden. In der Absicht zu verderben erlangt der Versucher seine Spezifizierung gegenüber anderen »Versu-

---

[20] Auch H. Schlier, a.a.O. 17 f, 63 u. ö., spricht vorsichtig nur von einer »Art personaler Wesen«. Schlier bietet zudem eine Erklärung dieser Kennzeichnung, die vor simplifizierenden Wiedergaben dieses Ausdrucks warnen läßt.

chern«[21]. Von der Versuchung Jesu ergeben sich auch gedankliche Verbindungen zur Versuchung seiner Jüngergemeinde, von der an verschiedenen Stellen des Neuen Testaments die Rede ist.

a) Die Versuchung Jesu

Nach seiner Taufe durch Johannes, so heißt es bei Markus, wurde Jesus vom Geist in die Wüste getrieben. »Und er war vierzig Tage in der Wüste, versucht vom Satan. Und er war mit den wilden Tieren zusammen, und die Engel bedienten ihn« (Mk 1, 13). Diese kurze Schilderung des Wüstenaufenthaltes und der Versuchung Jesu hat zwar einen gewissen biographischen Charakter, wäre aber als eine bloße Lebenserinnerung Jesu nicht sachgemäß interpretiert. Der vierzigtägige Aufenthalt Jesu in der Wüste steht in antitypischer Entsprechung zum Wüstenaufenthalt Israels. Wie bei Israel in der Frühzeit, so geht es auch jetzt in der messianischen Geschichte Jesu um die Erprobung und Bewährung des geliebten Sohnes Gottes[22], nur daß die Erprobung hier nicht von Gott selbst, sondern vom Satan vollzogen wird. Diese Erprobung hat daher noch eine andere Komponente. Sie steht zugleich in antitypischer Entsprechung zur Versuchung des ersten Menschen. Anders als Adam bewährt sich Jesus als der Gott gehorsame »neue Adam«. Die wilden Tiere, mit denen Jesus zusammen ist, erinnern an den Zustand des Paradieses. So wird mit dieser kurzen Schilderung der Versuchung Jesu etwas von der Verheißung der endzeitlichen Wiederherstellung des Urstandes erkennbar, die hier schon Wirklichkeit wird. Satan muß gegen seine eigentlichen gottwidrigen Intentionen als Darstellungsmedium der messianisch-endzeitlichen Erfüllungsgeschichte dienen. Anders als in der Geschichte Adams ist er hier der Besiegte. Auf diesen Akzent kommt es in dieser Erzählung entscheidend an. Ihrer Sachaussage nach ist sie eine Christusgeschichte. Wie in dieser kleinen Szene, so soll im ganzen Evangelium Jesus als der vom Teufel herausgeforderte Messias dargestellt werden, der die vielfältigen Erprobungen seiner messianischen Sendung auf seinem Lebensweg besteht. Daß hier Satan selbst als der Versucher vorgestellt wird, während es sonst menschliche Gegner sind, die Jesus »versuchen« (Mk 8, 11; 10, 2; 12, 5), läßt

[21] Wer hinter den Versuchungen steht, wird nicht immer ausdrücklich gesagt. An manchen Stellen ist jedoch klar, daß hinter ihnen auch Gott als »Versucher« stehen kann, so in Hebr 11, 17 im Blick auf die Abrahamsgeschichte: »Im Glauben hat Abraham den Isaak dargebracht, als er versucht wurde ...« Versuchungen durch Gott haben den Charakter der Glaubensprüfung.

[22] Vgl. Ex 4, 22; Hos 11, 1 (Israel als »Sohn«) und das der Versuchung Jesu unmittelbar vorhergehende Offenbarungswort bei seiner Taufe.

den Leser des Evangeliums an dieser Stelle hinter die Kulissen des Geschehens blicken. In der Gestalt Satans verkörpert sich aller Widerspruch, den Jesus auf seinem Weg von Menschen erfahren hat, als teuflische Einrede gegen den Auftrag Gottes, durch den er sich als der wahre Anwalt Gottes unter den Menschen, den Schwachen und Bedürftigen (Mk 2, 17), bestellt weiß. Daher wird auch die Zurückweisung des Petrus durch Jesus und seine Bezeichnung als »Satan« in Mk 8, 33 verständlich; das »menschliche« Denken des Petrus wird zum Ausdruck teuflischer Versuchung, die sich gegen Gottes Heilsabsicht wendet.

Anders als Markus führen die beiden synoptischen Seitenreferenten die Versuchung Jesu in einem dreifachen Gesprächsgang aus, der in seiner literarischen Gestalt auf die Logienquelle zurückzuführen ist (Mt 4, 1–11; Lk 4, 1–13). Der Teufel erweist sich als schriftkundiger Diskutant. Durchgehender Argumentationstext ist Dtn 8 und 6, also ein Text, der an den Wüstenaufenthalt Israels erinnert. In steigernder Absicht wird die Begegnung Jesu mit dem Teufel dreifach lokalisiert: in der Wüste, am Tempel und auf dem Berg (bzw. bei Lukas: Wüste, Berg, Tempel). Inhaltlich geht es dabei jedesmal um die messianische Würde Jesu: »Wenn du der Sohn Gottes bist, so gebiete . . .« Ziel der Versuchung ist die Pervertierung der Gottessohnwürde Jesu und damit sein Selbstentzug gegenüber der Aufgabe, den Menschen die Lebensgabe des Wortes Gottes zu bringen, die Botschaft von der nahen Gottesherrschaft und ihre jetzt schon beginnende Verwirklichung.

Der Teufel ist der Versucher. In dieser Funktion wird er in der Versuchungsgeschichte beschrieben. Die Evangelien bieten damit eine konzentrierte Deutung des versucherischen Geschehens an, das die Geschichte Jesu insgesamt mehr oder weniger deutlich durchzog und das Jesus daher in Lk 22,28 von seinen »Versuchungen« (im Plural) sprechen läßt. Die negative Möglichkeit, seine Sendung zu verfehlen, hatte für Jesus nicht nur eine utopische Gestalt, sondern war ein Stück versucherischer Erfahrung. Diese versucherische Lebenserfahrung auf einen politisch ausgelegten Messiasanspruch zu beziehen und einzugrenzen, ist mit exegetischen Argumenten zwar immer wieder vorgeschlagen und gefordert worden. Diese Versuche legen aber die christologische Relevanz der Texte zu einseitig, unter Absehung vom Kontext der Evangelien, auf eine Gegenüberstellung verschiedener Messiaskonzeptionen im Judentum fest[23]. Die versucherische Lebenserfahrung Jesu bezieht sich vor allem auf das Verständnis und die ungeteilte Bejahung seiner Sendung.

---

[23] Etwa J. Jeremias, Neutestamentliche Theologie, I, Gütersloh 1971, 76: »Bei allen drei Varianten der Geschichte geht es um ein und dieselbe Versuchung: das Her-

Beachtenswert ist im Neuen Testament die Deutung der Versuchungen Jesu im Hebräerbrief. Jesus ist der ewige Hohepriester, der für die Menschen vor Gott eintritt. Aber diesen Dienst leistet er als Mensch unter Menschen. So gehören auch die Versuchungen zu seinem Dasein, in dem er in allem den Brüdern gleich wurde: »Denn wir haben nicht einen Hohenpriester, der nicht mitzufühlen vermöchte mit unseren Schwachheiten, sondern einen, der versucht wurde in jeder Hinsicht auf gleiche Weise (wie wir), doch ohne Sünde« (4, 14). So wurde er ein *wirksamer* Erlöser und Helfer der »Versuchten« (2, 17). Hiermit hebt der Hebräerbrief die soteriologische Bedeutung der Versuchungen Jesu unmittelbar hervor.
Die Versuchungen Jesu erreichen in seinem Leiden ihren Höhepunkt. In der Getsemanigeschichte begegnet zwar nicht der Versucher wie in Mk 1, 13 Parr. Aber in ihr verdichtet sich für Jesus, was es heißt, den Menschen gleich geworden zu sein, sein Ausgeliefertsein an die Menschen. Inmitten dieser Erfahrung mahnt Jesus seine Jünger zur Wachsamkeit: »Wachet und betet, damit ihr nicht in Versuchung fallet« (Mk 14, 38).
So geht es in der Begegnung Jesu mit Satan in der Versuchungsgeschichte um geschichtliche Erfahrungen, die er gemacht hat. Nichts spricht dagegen, diese Erfahrungen auch in besonderer Weise mit einem Wüstenaufenthalt Jesu zu verbinden, wie er in der Versuchungsgeschichte vorausgesetzt wird. Beachtet man aber die literarische Gestaltung der Versuchungsgeschichte, so ergibt sich jedenfalls die Möglichkeit, zwischen der vorausgesetzten historischen Situation eines Wüstenaufenthaltes in Verbindung mit seiner Taufe durch Johannes und dem Auftreten des Teufels zu unterscheiden. Die Versuchung durch den Teufel dient der Verkündigungsabsicht der Evangelisten, Jesus von vornherein als *den* erscheinen zu lassen, als der er sich in seinem gesamten geschichtlichen Wirken erwiesen hat, als den Stärkeren gegenüber dem »Starken« (Mk 3, 27).
Daher scheint es nicht nötig, für die Versuchungsgeschichte als »geschichtlichen Haftpunkt« auf ein »inneres geistiges Geschehen« im Leben Jesu zu rekurrieren. Angemessener dürfte es sein, den »geschichtlichen Haftpunkt« in bestimmten versucherischen Erfahrungen Jesu auf seinem gesamten Le-

---

vortreten als politischer Messias.« Anders P. Hoffmann, Die Versuchungsgeschichte in der Logienquelle, in: BZ 13 (1969) 207–223, der einen »Sitz im Leben« der judenchristlichen Gemeinde annimmt, die sich in dieser Erzählung mit dem politischen Messianismus ihrer Zeit auseinandersetzte. Dagegen erinnert R. Schnackenburg, Die Versuchung Jesu bei den Synoptikern, in: Schriften zum Neuen Testament, München 1971, 101–128, besonders 127, an den »christologischen Charakter der Darstellung«.

bensweg einerseits und in der urchristlichen Verkündigung andererseits zu suchen. In diesem Sinne ist dem Urteil von Heinz Schürmann[24] zuzustimmen: »Am Ende will die Erzählung ja doch viel mehr sein als nur Reflex eines historischen Geschehens; sei es ein äußeres oder ein inneres, sie ist zunächst in erzählender Form ein Summarium hoher frühchristlicher Christologie und Soteriologie, das historisch schwer zu hinterfragen ist.«

b) Die Versuchung der Gemeinde

Der Ausgang der Versuchung Jesu eröffnet eine Perspektive, die sich in vielfältiger Weise in der Verkündigung Jesu und seiner Jüngergemeinde bricht. Das Ende der Satansherrschaft schaut und verkündet Jesus in dem Wort vom Sturz Satans, Lk 10, 18: »Ich sah den Satan wie einen Blitz vom Himmel fallen.« Im Zusammenhang mit der Freude der Jünger über die Dämonenbannungen ist dabei an die jetzt schon durch Jesus gebrochene Macht des Bösen zu denken, an den Sieg über Satan, wie er in den Exorzismen zum Ausdruck kommt. Aber offenkundig ist dies nicht der ursprüngliche Sinn des Wortes vom Satanssturz. Mit Recht nimmt die kritische exegetische Forschung an, daß es sich in Lk 10, 18 um ein fragmentarisch überliefertes Einzellogion Jesu handelt, das seiner prophetisch-visionären Struktur nach das endzeitliche Geschehen der Entfernung Satans, im ursprünglichen Sinne: des lästigen Anklägers gegen die Schöpfung Gottes, aus dem ihm von Gott zugestandenen Funktionsbereich darstellt und dieses Geschehen als für die Gegenwart bedeutsam zur Geltung bringt. Ein anderes Wort, Joh 12, 31, spricht genauer von dem Zeitpunkt, an dem »der Fürst dieser Welt hinausgeworfen« wird: »jetzt«, also in der Gegenwart Jesu, insbesondere in seiner »Erhöhung« am Kreuz, wenn er alle an sich »zieht« (V. 32). Damit wird nicht nur eine Zeit, sondern auch ein »Ort« angegeben, nämlich der das Handeln Gottes veranlassende und begründende Ort des Kreuzes Jesu. Jesus selbst ist in seinem messianischen Dasein auf Erden und darüber hinaus in seinem ständigen Eintreten »für uns« bei Gott der entscheidende Grund christlicher Zuversicht, die sich auf die ganze neutestamentliche Verkündigung ausgebreitet hat, nämlich der Zuversicht, daß der Teufel im Himmel und auf Erden kein »Recht« mehr hat und daß es möglich ist, gegen seine widerrechtliche Macht zu bestehen.
Der Evangelist Lukas hat uns noch ein anderes Wort Jesu überliefert, das an Simon Petrus gerichtet ist und das Fortdauern der versucherischen Macht Satans voraussetzt, das zugleich aber die so gekennzeichnete Situation nicht

---

[24] H. Schürmann, Das Lukasevangelium, I (HThK III, 1), Freiburg 1969, 220.

ohne die begründete Hoffnung der Überwindung durch Jesus läßt: »Simon, Simon, der Satan hat verlangt, euch zu sieben wie den Weizen; ich aber habe für dich gebetet, daß dein Glaube nicht aufhöre; und du, wenn du dich einst bekehrt hast, stärke deine Brüder!« (Lk 22, 31 f). Auch wenn die Macht Satans im Grunde durch Jesus gebrochen ist, so ist die Gemeinde seiner Jünger den Nachstellungen des »Bösen« nicht schlechthin entzogen. Die Gemeinde Jesu existiert auf der Grundlage, die Jesus in seinem irdischen Wirken gelegt hat. Sie besteht die Versuchungen, denen sie ausgesetzt bleibt, nur im Bund mit ihrem Herrn.

Der Jüngergemeinde und ihrer Bewährung gilt das Gebet Jesu in Joh 17, 15: »Ich bitte nicht, daß du sie aus der Welt wegnimmst, sondern daß du sie vor dem Bösen bewahrst.« Im Lichte der von den Evangelien insgesamt bezeugten Heilsabsicht Jesu versteht sich dieses johanneische Christusgebet als Ausdruck seiner Sorge um das Bestehen der Gemeinde gegenüber dem in vielfältiger Gestalt andrängenden Versucher. Im gleichen Sinne läßt Jesus seine Gemeinde um die Bewahrung vor der Versuchung und die endgültige Erlösung von »dem Bösen« beten: Mt 6, 13; Lk 11, 4. Sicherheit vor dem Zugriff des »Bösen«, hier wahrscheinlich wie in Mt 13, 19 persönlich vorgestellt (vgl. auch Joh 17, 15)[25], gibt es nur in Gott. Mögen wir in der Versuchung zum Bösen die Macht des Teufels als Versucher erkennen oder sie mit Joh 1, 13 f resolut auf die »eigene Begierde« zurückführen, so ist solche Versuchung doch nicht aus der umfassenden Heilsabsicht Gottes zu lösen. Das Bestehen der Versuchungen kann der Glaubende daher auch von Gott als *Verschonung* von ihnen erbitten.

c) »Dem Satan übergeben«

Das Verderben, auf das der Teufel zielt, ist besonders mit dem ersten Johannesbrief als »Sünde« zu bezeichnen. So in 1 Joh 3, 8: »Wer die Sünde tut, stammt vom Teufel; denn der Teufel sündigt von Anfang an.« Die »Werke des Teufels«, die der Gottessohn mit seinem Erscheinen zunichte macht (V. 8 b), sind die Sündenwerke, durch die die Menschen mit dem Teufel Ge-

---

[25] Es bleibt allerdings zu fragen, ob an einer klaren Entscheidung für den maskulinischen oder den neutrischen Sinn so viel gelegen ist. Für Mattäus kommen beide Möglichkeiten in Frage, die sich sowohl in der kirchlichen Tradition (vgl. die Erweiterung der Bitte im »Libera nos« der lateinischen Messe und dagegen die Bevorzugung des maskulinischen Sinnes in den Ostkirchen) als auch in den modernen Auslegungen widerspiegeln. Eine umfassende Darstellung der damit aufgegebenen Interpretationsfrage siehe bei G. Harder, Art. *ponerós*, in: ThWNT VI, 560 f; Harder entscheidet sich schließlich für das Neutrum, »wie es Mattäus meist gebraucht«.

meinschaft erlangen. Aber nicht überall im Neuen Testament ist das Verderben, das dem Teufel zugeschrieben wird, so eindeutig auf die Sünde der Menschen bezogen. Das Verderben, das der Teufel bewirkt, ist das Böse in vielerlei Gestalt, vielfach auch ein körperliches Leiden. Hierfür ist besonders auf Paulus zu verweisen.

Für Paulus ist es kennzeichnend, daß er sehr umfassend von der Macht der Sünde spricht, ohne sie ausdrücklich auf den Teufel zurückzuführen. Das schließt nicht aus, daß Satan gelegentlich auch als Versucher zu bestimmten Sünden genannt wird, etwa 1 Kor 7, 5 im Zusammenhang mit der Belehrung über das Verhalten der Ehepartner. Zudem sieht Paulus die bedrohende und zerstörerische Macht Satans in den »Lügenaposteln« am Werk, die die Gemeinde von Korinth verführen (2 Kor 11, 3 f. 13 f). Vom Satan spricht er in 1 Thess 2, 18, um ihn als »Hinderer« für die Verhinderung eines geplanten Besuches verantwortlich zu machen. Ohne daß die Art der Verhinderung an dieser Stelle erkennbar wird, läßt sich doch auch hier von einem verderblichen Einfluß Satans sprechen. Auch der »Stachel für das Fleisch« in 2 Kor 12, 7, den Paulus mit einem »Engel Satans« identifiziert, hat die Bedeutung eines Übels, hier offenkundig einer Krankheit oder eines anderen körperlichen Leidens, das der Apostel zu ertragen hat.

Etwas befremdlich erscheint in diesem Zusammenhang 1 Kor 5, 5, wo Paulus der Gemeinde Anweisung zur Bestrafung eines Blutschänders gibt und darin die verderbende Tätigkeit Satans einbezieht: »Der Betreffende soll im Namen des Herrn Jesus dem Satan übergeben werden zum Verderben des Fleisches, damit der Geist gerettet werde am Tage des Herrn.« Ohne die exegetischen Probleme zu dieser Stelle im einzelnen zu diskutieren, ist leicht erkennbar, daß Paulus dem Satan eine verderbliche Wirkung zuschreibt, die mit einem bestimmten Rechtsakt der Gemeinde verbunden ist. Hierbei ist wahrscheinlich an die Exkommunikation des öffentlichen Sünders aus der Gemeinde zu denken, so schwer es auch fällt, die Wirkung dieses kirchenrechtlichen Aktes als verderbenbringende Auslieferung an die Macht Satans vorzustellen[26]. Mag diese Vorstellung auch durch die Absichtserklärung erleichtert sein: »damit der Geist gerettet werde«, so bleibt doch die Schwierigkeit, das »Verderben des Fleisches« als eine vom Satan zugefügte Krankheit oder gar als den Tod des Exkommunizierten verstehen zu müssen[27].

---

[26] So auch 1 Tim 1, 20, wo allerdings mit der Züchtigung durch Satan eine Besserung der Betroffenen erwartet wird.

[27] Vgl. B. Noack, Satanás und Sotería, Kopenhagen 1948, 97 f.

Eine exegetische Hilfe hierzu bietet die Erklärung von Ernst Käsemann[28], der diese Stelle nicht einfach durch Voraussetzung einer »magischen Weltanschauung des Apostels« erklären möchte, sondern sie als besonderen Ausdruck des im Urchristentum geübten »eschatologischen Gottesrechtes« versteht. Dadurch verstehen sich auch die Konsequenzen dieser »Exkommunikation«, die auch die leibliche Existenz umfassen. »Das hier praktizierte Gericht ist eben nicht in unserem modernen Sinne geistlich, so daß es nur die Innerlichkeit betrifft. Es steht nicht im Gegensatz zum leiblichen Gericht, sondern schließt dieses in seinen Auswirkungen gerade ein.«[29] Indem der Sünder dem Satan übergeben wird, bleibt er nicht einfach sich selbst überlassen, sondern gerät »nur auf andere Weise als bisher in die Hände seines Herrn, nämlich in den Bereich der *orgé theoú* (= des Zorngerichtes Gottes), und auch das sehr paradox zu dem Zwecke, daß er auf solche Weise vielleicht doch noch gerettet werde«[30]. Vielleicht ist in der Zweckbestimmung des Gerichtes auch die Möglichkeit einer Bekehrung des Sünders mit eingeschlossen. Jedenfalls ist sie hier nicht ausgeschlossen. Die spätere Praxis der Kirche hat sie ausdrücklich hervorgehoben[31].

Satan ist an dieser Stelle also deutlich als Verderber vorgestellt. Aus der Interpretation dürfte hervorgehen, welchen besonderen Sachverhalt seine Nennung signalisiert. Tatsächlich liegt hier wie auch an anderen Stellen mehr an dem gemeinten theologischen und soteriologischen Sachverhalt als an einer näheren Beschreibung des Bösen. Der Satan ist hier wie auch sonst bei Paulus nicht umfassender Ausdruck der Macht des Bösen, sondern eher eine »Figur« aus dem ganzen Bereich des Bösen, die Verderben wie Krankheit und Tod bezeichnet, deren verderbliche Wirkung letztlich aber doch von der rettenden Macht Gottes überholt bleibt.

---

[28] E. Käsemann, Sätze heiligen Rechtes im Neuen Testament, in: Exegetische Versuche und Besinnungen, I, Göttingen 1964, 69–82.

[29] Ebd. 73.

[30] Ebd. 74.

[31] H. Conzelmann, Der erste Brief an die Korinther (KEK V), Göttingen 1969, 118, bringt zum Stichwort »Verderben des Fleisches« an dieser Stelle etwas sarkastisch die Anmerkung: »Der Katholik Allo verteidigt: Der Gedanke sei nicht inhuman, da es um das Heil der Seele gehe. Das ist die bekannte Begründung der Inquisition! O benedictae flammae!« Zur Begründung der Inquisition kann die Auffassung des Paulus tatsächlich nicht dienen und hat sie tatsächlich auch wohl nicht gedient.

2. *Ein Reich Satans?*

Im Streitgespräch über die Dämonenaustreibungen Jesu, Mk 3, 22–27 Parr., wird der Teufel von den Gegnern Jesu »Beelzebul«[32] genannt und als Anführer der Dämonen« bezeichnet. Mit letzterer Bezeichnung wird der Teufel mit den Dämonen in Verbindung gebracht. Auch wenn wir den Stellenwert der Frage nach dem Verhältnis des Teufels zu den Dämonen im Blick auf die eigentliche Heilsverkündigung des Neuen Testaments nicht überschätzen möchten, so ist doch davor zu warnen, leichtfertige Konsequenzen für das christliche Glaubensverständnis aus einer nachweisbaren und näher zu interpretierenden Zuordnung von Teufel und Dämonen zu ziehen. Gelegentlich begegnet man heute nämlich der Vorstellung, im Sinne des Neuen Testaments und besonders auch des erwähnten Textes sei von einem irgendwie »hierarchisch« verfaßten »Reich Satans« zu sprechen, das dem von Jesus und seiner Gemeinde repräsentierten Reich Gottes »koexistent« zuzuordnen sei[33]. Der Schritt zu einer dualistischen Weltanschauung ist hier nicht sehr groß, nämlich der Vorstellung von einer ständig in sich gespaltenen Weltwirklichkeit. Eine solche Ansicht läßt sich nicht aus dem Neuen Testament begründen.

Im Streitgespräch über seine Exorzismen wird Jesus von seinen Gegnern mit dem Teufel, dem »Haupt der Dämonen«, in Verbindung gebracht. Seine Machttaten, die als solche nicht geleugnet werden, sollen damit auf einen teuflischen, widergöttlichen Ursprung zurückgeführt und sein gesamtes Wirken diskreditiert werden. Die Antwort Jesu mit dem doppelten Gleichniswort vom gespaltenen Reich und der in sich entzweiten Stadt zielt auf die Unlogik dieses Vorwurfs: »Wenn der Satan gegen sich selbst aufsteht und sich entzweit, so kann er nicht Bestand haben, sondern es ist aus mit ihm«, bzw. nach Mt 12, 26 und Lk 11, 10: »... wie soll dann *sein Reich* Bestand haben?« Ausdrücklich ist hier also von einem »Reich« Satans

---

[32] Die Erklärung des Namens ist unsicher. Er geht möglicherweise auf den heidnischen Gottesnamen »Baal-Sebub« (= »Fliegengott«) in 2 Kön 1, 2 ff zurück; er würde damit eine verachtende Absicht erkennen lassen. Anders M. Limbeck, Satan und das Böse im Neuen Testament (a.a.O.) 297–303: ein Ausdruck der »Verteufelung Jesu durch seine Gegner«.

[33] Vgl. zuletzt etwa H. Kruse, Das Reich Satans, in: Biblica 58 (1977) 29–61, mit einer gewissen Neigung zur Ergänzung und »Abrundung« des biblischen Befundes; ebd. 61 abschließend: »Das Reich Satans ist und bleibt einig und hat Bestand, auch nach seiner endgültigen Unterwerfung. Es ist dem Reich Gottes koexistent als seine Schattenseite, als ewiges Denkmal der Liebe, Treue und Gerechtigkeit des Schöpfers.«

die Rede. Es bleibt jedoch zu fragen, in welchem Sinne dieses Wort zu verstehen ist. Offenkundig wirkt darin das vorhergehende Bildwort vom gespaltenen Reich nach, so daß der Nachdruck nicht so sehr auf einem angenommenen Gegenüber zum Reich Gottes liegt, sondern auf der Übereinstimmung Satans mit sich selbst, die die Vorstellung von einer gespaltenen Wirklichkeit Satans und in diesem Sinne auch von einem gespaltenen »Reich«, das zu ihm gehört, ausschließt. Der Satan widerspricht sich nicht selbst; anders wäre es um seine Existenz geschehen.

Damit ist die Entgegnung Jesu in diesem Streitgespräch noch nicht erschöpft. Tatsächlich erklärt sich der Erfolg seiner Exorzismen nicht aus einem Teufelsbündnis und damit aus einer widergesetzlichen und widergöttlichen Zielsetzung seines Wirkens, sondern genau umgekehrt aus seiner Sendung durch Gott. »Durch den Finger Gottes« treibt er die Dämonen aus; daher zeigen seine Taten die Qualität der von ihm verkündeten eschatologischen Herrschaft Gottes. Eben diese ist in den Exorzismen Jesu wirksam. Die von Jesus verkündete und repräsentierte Herrschaft Gottes stellt freilich eine Herausforderung des Teufels dar. Insofern dessen Widerspruch gegen Jesus und die Heilsabsicht Gottes sich allenthalben in der ablehnenden und feindseligen Haltung von Menschen zeigt, läßt sich auch von einem »Reich Satans« sprechen. Es besteht dann nicht in einer mythologisch vorgestellten Gegengröße gegen das Gottesreich, etwa als Zusammenfassung aller Dämonen und dämonischen Kräfte. Eine gewisse Neigung, die verschiedenen dämonischen Wesen einem Anführer zu unterstellen und sie so als ein geordnetes Kriegsheer erscheinen zu lassen, ist von der literarischen Überlieferung des Judentums her vorgegeben[34]. Auch der Hinweis auf ein »Reich«, das Satan nach Mt 4, 8 f zu vergeben hat, ist hier verfehlt. In der Sicht der biblischen Botschaft besteht ein solches vielmehr nur im Widerspruch gegen Gott und seinen messianischen Gesandten, der sich im Verhalten der Menschen konkretisiert. Ein solches »Reich« könnte nichts anderes sein als Ausdruck der Selbstverschließung der Welt gegen ihren Erlöser, in der sich die Machtentfaltung Satans innerweltlich vollzieht. Die Fälle von Besessenheit, von denen die Evangelien berichten, signalisieren daher nur in *einer*, freilich im Sinne Jesu beachtlichen Hinsicht die verderblichen Folgen der satanischen Machtentfaltung.

In gleicher Weise ist in Joh 12, 31 der Name »Fürst dieser Welt« zu verstehen. In »bildhaft-mythologischer Sprache« wird hier die Unheilssituation der Welt bezeichnet, nämlich der »in Unglaube und Haß verhärteten Men-

---

[34] Vgl. B. Noack, Satanás und Sotería (a.a.O.) 54.

schenwelt«[35], die sich gegen den Anspruch Gottes und seines Gesandten verschließt. Von einem »Reich Satans« ist daher auch hier im Blick auf die weltweite Unheilssituation der Menschheit vor und ohne Christus zu sprechen. Aber nichts liegt daran, dieses »Reich« ontologisch mit mythologischen Vorstellungen und Begriffen als ein Gegenreich gegen das Reich Gottes festzuschreiben. Der Weltbegriff im Johannesevangelium erfordert eine Interpretation, die »Welt« nicht als ein für sich bestehendes Imperium Satanae versteht, sondern als geschichtlich-menschliche Welt, der im Glauben an Jesus ihre wahre Lebensmöglichkeit eingestiftet wird. »Fürst dieser Welt« kennzeichnet dann die Verfallenheit der Welt an die todbringende Macht des Bösen in ihr, die hier in der Bildgestalt eines Herrschers als das »Jenseits *des* Diesseits«[36] erscheint, das der Mensch ohne und gegen Gott darstellt.

Im Sinne der Verkündigung Jesu und der neutestamentlichen Überlieferung ist also nicht von einer ständigen kosmischen Auseinandersetzung zwischen Gott und Satan, Gottesreich und Satansreich zu sprechen, die letztlich eine dualistische Weltvorstellung implizieren würde, wie sie im Umkreis des urchristlichen Glaubens besonders im Dualismus der Qumranschriften zum Ausdruck kommt[37] und zu der die Frage nach dem Ursprung des Bösen das menschliche Denken oft verleitet hat. Im Sinne der urchristlichen Verkündigung ist vielmehr von der unvergleichlichen Macht Gottes zu sprechen, die das Heil seiner Schöpfung betreibt – oft genug gegen ihren eigenen Widerstand, und von der den Menschen ständig zum Widerspruch gegen seinen Schöpfer drängenden Gewalt des Bösen, die sich in dem auf sich selbst bezogenen Verhalten der Menschen ihren Ausdruck verschafft und so der Gestalt des Satans, des Widersachers Gottes, Leben und Existenzberechtigung verleiht. Die Erlösung von dieser den Menschen seinem Schöpfer entfremdenden Gewalt ist in und mit Jesus Christus jetzt schon Wirklichkeit geworden, so daß die Welt nicht mehr schlechthin als Wirkbereich Satans angesehen werden kann. Die Welt steht vielmehr schon im Vorschein der »neuen Schöpfung«. Das Evangelium Jesu verkündet den anhebenden Wandel der Verhältnisse zwischen Gott und Mensch und zwischen Mensch und Mensch und ruft gegen alle anhaltende Versuchung durch eine auf sich selbst bezogene Schöpfung zum ungeteilten Gottesdienst.

---

[35] R. Schnackenburg, Das Johannesevangelium (HThK VI, 2), Freiburg 1971, 490. Ebd. 492: »die vordergründig mythisch-kosmischen Ausdrücke haben einen anthropologischen Sinn.«

[36] H. Schlier, Mächte und Gewalten (a.a.O.) 17.

[37] Vgl. W. Foerster, Art. *Satanás*, in: ThWNT VII, 152–156; H. W. Huppenbauer, Der Mensch zwischen zwei Welten, Zürich 1959.

3. Rückfall in Teufelsangst?

Blickt man auf die Wirkungsgeschichte des Evangeliums im christlichen Glauben und seiner Entfaltung, so läßt sich hinsichtlich des Themas »Teufelsglaube« fragen, ob und wieweit das christliche Glaubensverständnis und -verhalten die Verkündigung Jesu und der Urkirche von der Überwindung des Teufels und der dämonischen Mächte wirklich integriert und zur Geltung gebracht hat. Das in seinen theologischen Ergebnissen nicht unumstrittene Buch von Herbert Haag über den »Teufelsglauben« (Tübingen 1974) bietet in seinem letzten Teil, »Auswirkungen des Teufelsglaubens«, umfassendes Material aus der Geschichte des Christentums, das zahlreiche Beispiele eines krassen Rückfalls in einen unchristlichen Teufelsglauben enthält, an denen eine Besinnung auf die verbindliche Lehre der Heiligen Schrift und der Kirche nicht achtlos vorübergehen kann. Die Angst vor dem Teufel, der immer noch »umhergeht wie ein brüllender Löwe und sucht, wen er verschlingen könne« (1 Petr 5, 8), scheint den Glauben an das Werk Jesu und das Vertrauen auf sein ständiges Eintreten für seine Gemeinde in der Welt auf weite Strecken zumindest stark beeinträchtigt zu haben. Unsicherheit in der Einschätzung der neuen Situation nach dem Kommen Christi zeigt sich bis in unsere Gegenwart. Genügt der Glaube an Jesus Christus, oder bedarf es weiterer Mittel zur Überwindung des Bösen?

Natürlich ist das soeben angeführte Wort aus 1 Petr 5, 8 in Aussage und Anspruch ernst zu nehmen. Die Wirklichkeit des Bösen ist im Blick auf frühere Zeiten nicht zu leugnen. Dem Christen ist heute wie in der Zeit der Urkirche größte Wachsamkeit und Kampfbereitschaft geboten. Das kann allerdings nicht bedeuten, überall den Teufel in leibhaftiger Gestalt aufzuspüren, die Welt und die Erfahrungen, die wir in unserer Zeit machen, zu verteufeln, eine pessimistische Weltsicht zu betreiben und dem Bösen obendrein noch mit ungeeigneten Mitteln zu begegnen. Wachsamkeit bedeutet vor allem: richtige Einschätzung der Lage und ein entsprechendes Verhalten. Gegenüber allen schablonenhaften Vereinfachungen und Verengungen sollte den Christen jene Tugend auszeichnen, die der Apostel Paulus die »Unterscheidung der Geister« nennt (1 Kor 12, 10), die Fähigkeit zur »Unterscheidung von Gut und Böse« (Hebr 5, 14)[38]. Das rechte Verhalten folgt aus solcher Unterscheidung, die nicht schlechthin auf eigener Einsicht beruht, die sich vielmehr ständig am Evangelium orientiert. Solche Orientierung ermög-

[38] Vgl. auch 1 Joh 4, 1: »Glaubt nicht jedem Geist, sondern prüfet die Geister, ob sie aus Gott sind.« Diese Mahnung bezieht sich konkret auf die gegensätzlichen Einwirkungen von wahrer und falscher Lehre auf die Gemeinde.

licht ein Verhalten, das dem bösen Drängen des eigenen Herzens wehrt (vgl. Mk 7, 14–23), dem sündig gewordenen Bruder den Weg zur Vergebung ebnet, ihm aber im Grenzfall auch widerspricht (Mt 18, 15–18) und letztlich das Gericht über den »Feind« und seine Saat Gott überläßt (Mt 13, 24–30).

Durch das Erlösungswerk Jesu Christi ist die Welt nicht schlechthin neu geworden. Der »alte Äon«, modern gesprochen: die alten Strukturen sind zwar grundsätzlich gebrochen, aber die Welt hat immer noch ihr altes Gesicht, und die Menschen machen in und mit ihr die gleichen Erfahrungen wie vor dem Kommen Christi. Die neue Welt, in der sich die Verheißung der Herrschaft Gottes realisiert, gewinnt erst Gestalt in den Glaubenden, insofern sie in der Nachfolge Jesu die Hoffnung leben, die das Wirken Jesu in der Welt begründet hat. Zu den »neuen« Erfahrungen, die die Glaubenden jetzt machen, gehören auch die Spannungen zur alten Welt, in der sie eine Gemeinde von »Fremdlingen« bilden, um mit dem ersten Petrusbrief (1, 1; 2, 11)[39] zu sprechen. Die urchristlichen Gemeinden haben so die »Trübsale« und Verfolgungen verstanden, die über sie hereinbrachen. Sie suchten sie aus der Gemeinschaft mit dem Leiden Christi[40] und in der geduldig durchgetragenen Hoffnung[41] zu bestehen. Die versucherische Macht dieser Erfahrungen wurde von den Gemeinden als Erprobung ihres Glaubens empfunden. Paulus mahnt in 1 Thess 3, 3, »daß niemand in diesen Trübsalen wankend werde«. Solche Versuchung wird an einer späteren Stelle des Neuen Testaments auf den Teufel zurückgeführt, Offb 2, 10 (im Sendschreiben an die Gemeinde von Smyrna): »Fürchte dich nicht vor dem, was du leiden wirst. Siehe, der Teufel wird einige von euch ins Gefängnis werfen, damit ihr versucht werdet, und ihr werdet Trübsal haben zehn Tage lang. Sei getreu bis in den Tod, so will ich dir die Krone des Lebens geben.«[42] Auch im ersten Petrusbrief spielen die Leiderfahrungen der Gemeinde eine große Rolle. Sie kommen »zur Versuchung« über die Gemeinde (4, 12; vgl. 1, 6). Der Negativaspekt der Versuchungssituation wird sodann mit dem Wort vom Teufel ausgedrückt, der »umhergeht wie ein brüllender Löwe« (5, 8), der in den Leiderfahrungen der Gemeinde ihren Glaubensabfall betreibt. Leiden und Verfolgung werden aber auch und vor allem zum durchgehenden Kennzeichen der Gemeinschaft der Glaubenden in der Welt. Sie führen so zur Bewährung und Festigung der Gemeinde und schließlich zur Freude der Vollendung durch Gott (4, 13).

---

[39] Vgl. auch Hebr 11, 13; 13, 14.
[40] Vgl. besonders 2 Kor 4, 10; Phil 3, 10; Kol 1, 24.
[41] Vgl. besonders Röm 5, 1–5; 12, 12.
[42] Vgl. auch Offb 12, 17; 13, 7.

Den Glaubenden ist in der Welt also keine Existenz ohne Leid und Versuchung verheißen. Leid und Versuchung können diabolische Züge annehmen. Aber diese Ansicht muß nicht bestimmend sein. Im Glauben bewahrt die Gemeinde ihre Möglichkeit, Leiden und Versuchungen zu bestehen und damit auch die Angst vor der anhaltenden Macht des Bösen in der Welt zu überwinden.

Angst macht unfrei! Diese allgemeingültige Einsicht betrifft auch das Verhalten gegenüber dem Bösen. Viele Erscheinungsbilder im Bereich des Teufelsglauben verstehen sich als Angstprojektionen, christlich gesprochen: als Ausdruck mangelnden Glaubens und Gottvertrauens. Eben diesen Glauben an die Nähe Gottes und seine Lebenshilfe zu bewahren, das ist die eigentliche Intention christlicher Mahnrede, auch der Warnung vor den Nachstellungen des Teufels.

III. EXORZISMEN – MAGISCHE PRAKTIKEN ODER WIRKSAME HILFEN?

Das Thema »Exorzismus« hat in einigen spektakulären Phänomenen der letzten Jahre eine wenig rühmliche Wiedergeburt erlebt. Wie wenig die »Exorzismen«, etwa von Klingenberg und anderswo und erst recht die aus der neuen Horrorwelle der Filmwelt, mit den Taten Jesu und seiner Intention zu tun haben, läßt sich im Lichte der im Neuen Testament berichteten Dämonenaustreibungen Jesu und seiner Jünger leicht erkennen.

1. Exorzismen und Krankenheilungen im Wirken Jesu

Unter den Taten Jesu, von denen die Evangelien zu berichten wissen, nehmen die Exorzismen einen erheblichen Umfang ein. Der Evangelist Markus läßt das öffentliche Wirken Jesu mit der Heilung des Besessenen in der Synagoge von Kapharnaum beginnen (Mk 1, 21–28). Am Abend, so erzählt der Evangelist weiter, brachte man alle Kranken und Besessenen zu ihm. »Und er heilte viele, die an mancherlei Krankheiten litten, und er trieb viele Dämonen aus« (1, 34). Zusammen mit den Krankenheilungen stellen die Exorzismen den hauptsächlichen Anteil des wunderbaren Handelns Jesu dar. Darin kommt ein bedeutsamer Sachverhalt zum Ausdruck: Krankenheilungen und Exorzismen stehen in engem Zusammenhang, da sie in gleicher Weise auf die leibliche und geistige Wiederherstellung des Menschen gerichtet sind. Das Wunderbare dieser »Machttaten« Jesu besteht darin, daß sie aus der Kraft Gottes Wiederherstellung und Heil des Menschen bewirken. »Wunder« sind die Exorzismen und Krankenheilungen Jesu nicht deswegen zu nennen, weil sie die »Gesetze der Natur« durchbrechen, sondern weil Gott selbst sich in ihnen als der »Wunderbare« (Ps 86, 10; Jes 9, 6) erweist, indem er Kranke heilt und Tote zum Leben erweckt.

Die Exorzismen Jesu sind daher aus dem Gesamtkontext seiner Verkündigung vom Kommen Gottes zu erklären. Eine Betrachtung, der nur am phänomenologischen Befund der Exorzismen gelegen ist, wird dem Sachverhalt der von den Evangelien bezeugten Taten Jesu nicht gerecht. Man mag Jesus im Blick auf die geschilderten Umstände als Exorzisten bezeichnen, wie es solche auch sonst in seiner Zeit gab, von denen auch die neutestamentliche Überlieferung weiß[43]. Aber das Eigentliche seiner Exorzismen liegt nicht in einem berufsmäßigen Umgang mit bestimmten Praktiken, sondern darin, daß er die Nöte der Menschen sieht und ihnen wirksame Hilfe bringt. Deswegen gibt die Darstellung der Evangelien auch keine Auskunft darüber, ob die als Besessene bezeichneten Menschen nicht auch anders, etwa durch ärztliche Behandlung, geheilt werden konnten. Jesus verwendet in einem bestimmten Umfang eine vorgegebene exorzistische Praxis, ohne sie damit rituell festzulegen und vorzuschreiben. Wenn er seinen Jüngern aufträgt, in seiner Nachfolge Kranke zu heilen und Dämonen auszutreiben (Mk 3, 14 f Parr.; 6, 7–12 Parr.), dann beruft er sie damit in die Praxis seiner Gottesreichverkündigung in Wort und Tat und nicht zur Übernahme bestimmter ritueller Praktiken.

Ist damit der sachgemäße Kontext der Exorzismen Jesu hinreichend skizziert, dann läßt sich schließlich auch etwas dazu sagen, ob und wieweit die Berichte der Evangelien auch medizinisch und psychologisch erhebbare Symptome eines bestimmten Krankheitsbildes der »Besessenen« erkennen lassen. In einer Reihe von Fällen lassen sich solche Symptome leicht bestimmen, so bei dem besessenen Gerasener, der »seine Wohnung in den Grabstätten hatte« und den »niemand fesseln konnte, auch nicht mit einer Kette« (Mk 5, 3). Mit Recht wird diese Beschreibung auf »Tobsucht« bezogen[44]. Die Heilungserzählung Mk 9, 14–29 spricht zwar von einem »stummen und tauben Geist« (9, 17. 25), von dem ein Junge beherrscht wurde, und die Heilung erfolgt in einem exorzistischen Verfahren; zugleich läßt diese Erzählung aber ein Krankheitsbild erkennen, das wir als Epilepsie bezeichnen (9, 20–22). Im Blick auf diese und die übrigen Exorzismusberichte, die nicht

---

[43] Vgl. Mt 12, 27 Par.; Mk 9, 38 f Par.; Apg 19, 13.

[44] So R. Pesch, Das Markusevangelium, I (HThK II, 1), Freiburg 1976, 285 f.

immer eine so gut erhebbare Diagnose ermöglichen, läßt sich jedenfalls sagen, daß als Besessene bestimmte Kranke bezeichnet werden, deren Krankheitsbild man leicht mit irgendwie bekannten Krankheitsdämonen in Verbindung bringen konnte, die daher auch auf das Phänomen dämonischer Besessenheit hin angesprochen und behandelt wurden.
Umgekehrt weisen auch die Krankenheilungen Jesu einige exorzistische Züge auf. Dies wird in der Aussätzigenheilung Mk 1, 40–45 besonders deutlich. Nach der wohl ursprünglicheren Lesart von V. 41 ist hier von einer Erregung Jesu die Rede, die einer exorzistischen Absicht entspricht[45]. Zudem verrät V. 43 (»und er fuhr ihn an und trieb ihn hinaus«) in Terminologie und Anschauung eine auffällige Nähe zu den Exorzismuserzählungen. In solchen Zügen dürfte wohl die gleiche Anschauung wirksam sein wie in den Exorzismuserzählungen, wonach Krankheiten – nicht anders als in der jüdischen und heidnischen Umwelt des Neuen Testaments – auf die Einwirkung von Krankheitsdämonen zurückgeführt und Heilungen dementsprechend von der Vertreibung der Dämonen erwartet wurden. Mit dieser den phänomenologischen Befund betreffenden Beschreibung dürfte allerdings noch nicht alles gesagt sein, was die Besessenheit zum besonderen Gegenstand der heilenden Tätigkeit Jesu werden läßt.

2. *Die Besonderheit der Krankheitsfälle von »Besessenen«*

Besessenheit ist für Jesus und die neutestamentlichen Autoren nicht nur eine verdeckte Form von leiblicher oder geistiger Erkrankung des Menschen. An manchen Stellen wird von Menschen gesprochen, die einen »Dämon«, einen »unreinen« oder »bösen Geist« haben, ohne daß eine besondere Krankheit erwähnt wird. Dabei liegt offenkundig aller Nachdruck auf der *destruktiven Macht* des Dämons, der der Mensch ausgeliefert, von der er ergriffen und in seinem Wesen verändert wird. Der Besessene geht mit dem Dämon eine derartige Verbindung ein, daß er nicht mehr als er selbst erscheint. Daher wechselt auch die Sprechweise der Evangelienberichte, indem sie das eine Mal den Besessenen und das andere Mal den Dämon reden bzw. angesprochen sein lassen, und zwar derart, daß die Äußerungen des Besessenen als Wirkungen des dämonischen Geistes erscheinen. Das Kennzeichen solcher Besessenheit ist die Selbstentfremdung des Menschen, der Verlust des Beziehungsgefüges, das sein Leben zutiefst menschlich bestimmt. Durch die Aus-

---

[45] Vgl. K. Kertelge, Die Wunder Jesu im Markusevangelium (StANT 23), München 1970, 66–68.

treibung des Dämons wird der Mensch wieder »zu sich« gebracht, so daß er wieder »vernünftig« (Mk 5, 15) erscheint.

In den »Besessenen« werden also nicht nur bestimmte Krankheitsphänomene sichtbar, die einer sachgerechten medizinischen Behandlung zugänglich sind. Dieser Aspekt der Besessenheitsphänomene darf sicher nicht außer acht gelassen werden. Darüber hinaus verweisen sie auf eine allein medizinisch und psychotherapeutisch nicht mehr erreichbare »Krankheitsgeschichte«, die in den transsubjektiven Bereich einer allgemeineren Unheilssituation hineinreicht. »Besessene« sind gewiß Kranke; aber sie signalisieren mit ihrer Krankheit in sinnfälliger Weise eine Situation, die nicht nur diese Kranken, sondern die Menschen überhaupt betrifft. An ihnen zeigt sich, wie sehr Menschen dem Zugriff des Bösen ausgeliefert sind und wie wenig sie sich selbst davor bewahren können. Dieser Sicht entspricht es, daß Jesus nach dem Zeugnis der Evangelien Krankheit und Besessenheit nicht auf die persönliche Schuld der Kranken zurückführt, wie es einem verbreiteten Tat-Folge-Schema entspricht. Nach Joh 9, 1–3 schließt er sich nicht dem leichtfertigen Urteil über den Blindgeborenen an, daß hier die eigenen Sünden oder die der Eltern offenbar würden. »Weder dieser hat gesündigt noch seine Eltern, sondern die Werke Gottes sollen an ihm offenbar werden.« In der wunderbaren Heilung durch Jesus offenbart sich so das fortwährende Wirken des Schöpfer-Gottes. Es geht also nicht nur um diesen und jenen Kranken, der als Sünder identifiziert werden soll; im Sinne Jesu geht es um die Errettung des Menschen aus jenem Unheilszusammenhang, der die Situation der ganzen Menschheit kennzeichnet. So werden die Exorzismen Jesu zu *hoffnungsvollen Zeichen* einer Errettung aus diesem allgemeinen Unheil auch für die heilsbedürftige Menschheit insgesamt. So sehr es sich bei den Heilungen und Dämonenaustreibungen Jesu um echte Lebenshilfe für die betroffenen Kranken handelt, so wenig erschöpft sich ihre Bedeutung in einer nur klinischen Perspektive. Ihre Bedeutung als konkrete Hinweise auf die verheißene und durch Jesus nahegebrachte Rettung der Welt durch Gott darf im Sinne einer theologisch sachgerechten Interpretation nicht verkürzt werden.

3. *Raum für Gottes Kommen*

Eine theologische Interpretation der Exorzismen Jesu hat den Linien zu folgen, die die urchristliche Überlieferung in der Darstellung der Taten Jesu erkennen läßt. Sie kommen nicht so sehr in der szenischen Darstellung der Taten zum Ausdruck als vielmehr in den Zusammenhängen, in denen die

Taten Jesu miteinander, mit seiner Verkündigung und mit seinem Lebensweg stehen.

Die Berichte der Evangelien von den Krankenheilungen und Exorzismen Jesu unterliegen weitgehend den Gesetzen der erzählenden Überlieferung. In ihrem vorliterarischen und literarischen Stadium werden sie von einem geläufigen Erzählungsschema geprägt, das in neuerer Zeit verschiedentlich eruiert und dargestellt worden ist[46]. Jesus wurde so als erfolgreicher Helfer und Heiland der Kranken verkündet. An manchen Stellen wird diese Kennzeichnung Jesu mit einem christologischen Titel verbunden. Ja, von den Besessenen bzw. den Dämonen selbst wird er als der »Heilige Gottes« (Mk 1, 24) und als der »Sohn Gottes« angesprochen (Mk 3, 11; 5, 7). Hierin mag sich ebenfalls noch die Gesetzmäßigkeit der erzählenden Überlieferung bemerkbar machen, insofern sich die Bewunderung und Anerkennung des Wundertäters mit dem Motiv der außerordentlichen Erkenntnisfähigkeit der Dämonen verbindet. Entscheidend ist jedoch die Absicht der urchristlichen Tradenten, über die von der Erzählungsgattung geweckten Erwartungen hinaus in den Taten Jesu seine Sendung durch Gott und damit seine messianische Würde erkennbar werden zu lassen.

Man darf diese Tendenz der Evangelienüberlieferung nicht als »Beweis«-Verfahren für den Sohn-Gottes-Anspruch Jesu interpretieren wollen. Was können die Exorzismen Jesu schon »beweisen« außer ein bestimmtes Charisma des Exorzisten? Vielmehr geht es darum, daß die Heilungen und Exorzismen in Verbindung und im Dienst der schlüssig nicht beweisbaren Ankunft des Reiches Gottes stehen. Für die Wirklichkeit und Wahrheit der Ankunft des Reiches Gottes steht Jesus mit seiner Person und seinem Wirken ein. Diesen Zusammenhang von Exorzismen, Ankunft des Reiches Gottes und Anspruch Jesu hält das Herrenlogion in Mt 12, 28 (Par. Lk 11, 20) fest: »Wenn ich durch den Finger Gottes die Dämonen austreibe, dann ist das Reich Gottes schon zu euch gelangt.« Aus diesem Wort spricht nicht nur ein starkes Überlegenheitsbewußtsein über die dämonischen Mächte, sondern auch und vor allem das Bewußtsein von der eigenen vollen Übereinstimmung mit Gott, das Bewußtsein einer Sendung durch Gott, die die urchristliche Verkündigung bündig mit dem Sohn-Gottes-Titel festgehalten hat.

Besonders in den Exorzismen wird deutlich, daß Jesus der Bote der Herr-

---

[46] Vgl. K. Kertelge, Die Wunder Jesu (a.a.O.) 51–53; R. Pesch, Das Markusevangelium I (a.a.O.) 119; R. Pesch / R. Kratz, So liest man synoptisch, 1–3, Frankfurt 1975/76 (ebd. im Anhang von Heft 2 und 3 das »Motivgerüst der Wundergeschichten«).

schaft Gottes ist. Wenn die Dämonen ausgetrieben und die Menschen geheilt werden, dann hat ihr Heilsein nur darin Bestand, daß sie sich dem Bereich der Herrschaft Gottes eingliedern lassen. Die Freiheit, die Jesus den Menschen gewinnt, pervertiert zur Unfreiheit, wenn sie sich nicht als von Gott geschenkte Freiheit erhält und bewährt. Daher unterstreicht Jesus die Notwendigkeit der *konsequenten Freiheit,* wenn er vor dem Rückfall in die Abhängigkeit von den dämonischen Mächten warnt: Der unreine Geist ist ruhelos und sucht in sein Haus zurückzukehren, das er verlassen hat. »Und er kommt und findet es gefegt und geschmückt ... Und es wird am Ende mit jenem Menschen schlimmer als vorher« (Lk 11, 24–26 Par. Mt. 12, 43–45). In dieser Warnung mag sich die nach jüdischer Anschauung notwendige Anwendung apotropäischer Schutzmaßnahmen nach erfolgter Austreibung des Dämons spiegeln[47]. Ihre eigentliche Bedeutung gewinnt sie jedoch im Zusammenhang mit der Verkündigung Jesu von der Herrschaft Gottes. In den Dämonenaustreibungen Jesu kommt Gott mit seinem Heil an. Gott will im ganzen Dasein des Menschen als Schöpfer und Erlöser zur Geltung kommen.

4. *Exorzismen in der Nachfolge Jesu*

Jesus hat seinen Jüngern Auftrag und Vollmacht zur Verkündigung des Evangeliums gegeben. Ein nicht unwichtiger Aspekt dieses Auftrags betrifft die Exorzismen. In Mk 3, 14 ist die exorzistische Tätigkeit neben der Verkündigung besonders hervorgehoben. »Und er bestellte die Zwölf, damit sie bei ihm seien und damit er sie aussende zur Verkündigung, mit der Vollmacht, Dämonen auszutreiben.« Im nachgetragenen, sog. »kanonischen« Schluß des Markusevangeliums werden die Dämonenaustreibungen zusammen mit anderen Wundern als »begleitende Zeichen« im Blick auf die Gläubiggewordenen verstanden. Die Dämonenaustreibungen und Heilungswunder hätten danach eine bestätigende Funktion gegenüber der Verkündigung des Evangeliums. Im Auftragswort Mk 3, 14 Parr. sind die Dämonenaustreibungen dagegen wohl ursprünglicher, auch im Sinne Jesu, mit der Verkündigung zusammen als Inhalt der Jüngersendung angeführt. Die Dämonenaustreibungen, die die Jünger Jesu in seiner Nachfolge und in seinem Namen vollziehen, sind nicht nur legitimierende Ausweise ihrer Sendung, sondern schon die Erfüllung des Sendungsauftrags selbst.

---

[47] Vgl. O. Böcher, Christus Exorcista (BWANT 96), Stuttgart 1972, 17; ders., Das Neue Testament und die dämonischen Mächte (SBS 58), Stuttgart 1972, 9f.

In dem von den Evangelien überlieferten Sendungswort spiegelt sich sicher auch die missionarische Praxis der urchristlichen Jüngergemeinde. Exorzismen und Krankenheilungen waren ein wesentliches Stück ihres Programms. In dieser Praxis dürfte sich aber auch die ursprüngliche Intention Jesu niedergeschlagen haben; das Evangelium sollte den Menschen verkündet werden in Wort und Tat. Wie im Wirken Jesu Exorzismen und Reich-Gottes-Verkündigung aufeinander verweisen, so sollte es auch in der Praxis der Jüngergemeinde sein. Neben der Lehrverkündigung und mit ihr zusammen ging es um die wirksamen Zeichen, in denen die Ankunft des Gottesreiches hier und jetzt schon erfahren wurde. Und in diesem Sinne einer gegenseitigen Ergänzung, nicht isoliert für sich, können Heilungen und Exorzismen dann auch als legitimierende »Ausweise« für die Verkünder gelten.
Wieweit hat die Kirche dem Auftrag Jesu zur Dämonenaustreibung entsprochen? Genügt es hierzu, etwa auf den rituellen Exorzismus bei der Taufe und den »großen Exorzismus« des kirchlichen Rituale zu verweisen? Bekanntlich ist in der erneuerten Taufliturgie die frühere imprekatorische Form der Beschwörung (»ich beschwöre dich, du unreiner Geist ...«) der deprekativen Form gewichen, die nicht mehr einen Ausfahrbefehl enthält, sondern ein Gebet darstellt. Gott möge den Täufling aus dem Herrschaftsbereich des Teufels befreien und in seinen Herrschaftsbereich hinüberführen. Auch wenn die Rede von einem »dominium Satanae«, wie schon angedeutet, mißverständlich bleibt, so ist doch die veränderte Haltung zum traditionellen Exorzismus nicht zu übersehen. Offenkundig soll damit ernst gemacht werden, daß heute (und schon lange vorher) die Voraussetzungen und Anschauungen nicht mehr gegeben sind, die es erlauben würden, einen rituellen Exorzismus zu vollziehen. Daß dies nichts daran ändern muß, daß nach wie vor mit dem Bösen zu rechnen ist, wie auch immer das Böse zu benennen ist, ist selbstverständlich.
Die Frage nach der Verwirklichung des Auftrags Jesu ist nicht allein mit dem Hinweis auf die Geschichte der Taufliturgie und erst recht nicht mit dem rituellen Exorzismus zu beantworten. Wenn wir die Zusammenhänge beachten, die nach neutestamentlichem Verständnis zwischen Dämonenaustreibungen und Krankenheilungen bestehen, und wenn wir uns andererseits daran erinnern, daß die »Besessenen« eine allgemeinere Unheilssituation signalisieren, in die hinein das erlösende Wirken Jesu zielt, dann werden noch andere Möglichkeiten sichtbar, in denen die Kirche dem Auftrag Jesu gerecht zu werden vermag und die seiner eigentlichen Intention wohl noch eher entsprechen als die bloß rituelle Nachahmung seiner Exorzismen.
Die Dämonenaustreibungen Jesu haben ihre wahre Fortführung und Wei-

terentwicklung vor allem in den vielfältigen Hilfen der Kirche für die leiblich und seelisch Kranken gefunden, eben darin, den Menschen nicht nur eine Botschaft von Gott zu bringen, sondern sie auch konkret zeichenhaft die heilbringende Nähe Gottes erfahren zu lassen. Die Kirche ist von Jesus in seine Nachfolge gerufen, um seine Sendung in Wort und Tat weiterzuführen. In diesem Sinne hat sie sich immer auch um die leiblich-irdischen Belange der heilsbedürftigen Menschheit zu kümmern, sie darf sich nicht auf den sogenannten rein seelsorglichen Bereich zurückziehen. Auch wenn die Hilfen der Jünger Jesu für die Notleidenden nur zeichenhaften Charakter haben können – eben als Hinweiszeichen auf den Heilswillen Gottes und als ein ständiger Protest gegen das Verbleiben der Menschen bei den alten, seit Jesu Kommen überholten und veralteten Verhältnissen der Welt, als Protest gegen Ungerechtigkeit und Haß –, so sind sie nicht unwichtig und ersetzbar, sondern Ausdruck des Glaubens an die letztlich entscheidende Lebensgabe Gottes. Hierin liegt die Identität der Exorzismen der Kirche mit denen Jesu begründet.

Schluß

Erinnern wir uns noch einmal der eingangs gestellten Frage nach den Sachverhalten, die mit den biblischen Bezeichnungen, Begriffen und Aussagen von Teufel, Dämonen und Exorzismen angezeigt sind, so bleibt am Ende der Eindruck einer nicht ganz ausgleichbaren Disparität von Vorstellungen und Aussagen und die Schwierigkeit, diese Aussagen in ihrer Relevanz für das heutige Glaubensverständnis zusammenzufassen.
Eine zusammenfassende Interpretation der biblischen, vor allem der neutestamentlichen Aussagen vom Teufel, den Dämonen und den anderen Benennungen des Bösen hat zunächst von der nicht zu leugnenden Existenz dämonischer Mächte und Gewalten auszugehen, die mit den verschiedenen Namen bezeichnet werden. Tatsächlich läßt sich die Existenzfrage nicht durch eine entmythologisierende Interpretation der biblischen Aussagen erledigen, wie die Studie der römischen Glaubenskongregation von 1975 besonders betont. Ebenso ist die bedrohende Wirklichkeit dieser Mächte nicht schon durch »Aufklärung« zu überwinden. Überwindende Kraft hat nach dem Zeugnis des Neuen Testamentes nur der Glaube an Gott und seine Heilszusage, für die Jesus in seinem irdischen Wirken eingetreten ist. Da dieser Glaube nicht ein verfügbarer Besitz ist, sondern den Glaubenden ständig

neu beansprucht, ist auch das Rechnen mit der bedrohenden Wirklichkeit des Bösen in dieser oder jener Gestalt nicht überholt. Überholt sind lediglich gewisse zeitbedingte Anschauungen wie die von Krankheitsdämonen, vom »Herrscher im Machtbereich der Luft« (Eph 2, 2) und anderen Mythologemen.

Allerdings genügt es nicht, den biblischen Befund nur auf die Frage nach der Existenz von Teufel und Dämonen zu beziehen und diese Figurationen des Bösen mit dem anspruchsvollen Begriff von irgendwie zu denkenden »personalen Wesen« zu erklären. Nach wie vor muß gefragt werden, ob und wieweit der Personbegriff geeignet ist, um die biblisch bezeugten dämonischen Mächte und Gewalten zu identifizieren und zu substantiieren. (Welche begrenzten Möglichkeiten die philosophisch-theologische Verwendung des Personbegriffs hierfür anbietet, zeigt der Beitrag von Karl Lehmann in diesem Band, worin vor allem auch deutlich wird, welche *sachlichen* Desiderate einer Theologie des Bösen mit der Kategorie des Personalen abzudecken sind.) Gewiß erscheinen in biblischer Anschauung Sünde und Tod als personifizierte Größen. Es läßt sich auch von personalen Zügen und Strukturen der Dämonen und der Mächte des Bösen sprechen. Aber auch wenn in den biblischen Schilderungen der Teufel als eine persönliche Größe vorgestellt wird, wird man ihm den Begriff der Person nicht als eine Würdebezeichnung zuschreiben können, was der Begriff »Person« in Anwendung auf Gott und Mensch doch eigentlich ist. Der Teufel erscheint vielmehr als lügnerische Verkehrung der Personwürde. Gerade in dieser Pervertierung findet der Teufel sein eigentliches Wesen, nämlich den Ausdruck seiner »wahren« Natur. Joh 8, 44 stellt in diesem Sinne eine Wesensbeschreibung des Teufels dar: »Wenn er (der Teufel) die Lüge spricht, spricht er aus dem, was ihm eigen ist; denn er ist ein Lügner und der Vater der Lüge.«

Ebenso, wie einer mißverstandenen und überschwenglich betriebenen Entmythologisierung gewehrt werden muß, ist auch einer Remythisierung der biblischen Aussagen entgegenzutreten. Eine Exegese, die die Redegattungen der biblischen Aussagen beachtet, vermag darauf hinzuweisen, wie wenig im Alten und Neuen Testament an einer dogmatischen Festschreibung der Gestalten von Teufel, Dämonen und bösen Mächten gelegen ist. Die Heilige Schrift hat es zentral mit der Selbstoffenbarung Gottes zu tun. Glaube wird daher an Gott, seinen Sohn und sein Werk gefordert, nicht an Teufel und Dämonen. Darauf sollte auch heutiges Sprechen vom Teufel achten. Der Glaube im christlichen Sinne kann und darf sich letztlich nur auf Gott richten und nicht auf den Teufel. Etwas anderes ist es, daß Teufel und Dämonen zum Inhalt von Offenbarungs- und Glaubensaussagen werden können[48]. Im Verhältnis zu Gott und Menschen verstehen sich Teufel und Dämonen nicht als selbständige, gleichsam in einem luftleeren Raum figurierende und agierende Faktoren, sondern als Ausdrucksformen einer ständigen Bedrohung des in Schöpfung und Erlösung begründeten Lebensverhältnisses der Menschen zu Gott. Als störende und zerstörende Kräfte, als lebensverneinende und todwirkende Faktoren suchen sie in dem von Gott eröffneten Lebensraum des Menschen immer wieder ihre Existenz zu bewähren und zu sichern.

Eine wesentliche Hilfe zur Klärung des ganzen Fragenkomplexes um die Mächte des Bösen bietet die Berücksichtigung des Begriffs der Sünde. Es ist ja nicht zu übersehen, daß sowohl das Alte Testament als auch die neutestamentlichen Autoren dem Begriff der Sünde den Vorzug geben, um das Böse in der Geschichte der erlösungsbedürftigen Menschheit zu beschreiben. Daher ist es wohl kein Zufall, daß der Apostel Paulus in seinem Römerbrief, der als die theologische Summe seiner Verkündigung gelten kann, durchgehend von der Sünde, fast immer im Singular (43mal) zur Bezeichnung der Sünden*macht*, spricht, aber niemals von Teufel und Dämonen, wenn wir von Röm 16, 20 absehen, wo Satan entsprechend jüdisch-apokalyptischer Tradition »hinter der versuchten Zersetzung der Gemeinde«[49] gesehen wird. Mit »Sünde« wird hier die Unheilsmacht bezeichnet, die über den Menschen hereingebrochen ist, an deren Wirkungsgeschichte der Mensch aber durch seine eigene Tat beteiligt ist, von der er allein durch Gottes Eintreten in der Sendung seines Sohnes befreit wird. »Sünde« ist ein theologischer Leitbegriff in der Heilsverkündigung des Apostels und darüber hinaus des ganzen Neuen Testaments, was man in gleicher Weise nicht von anderen Begriffen wie »Teufel« und »Dämonen« behaupten kann. Diese Feststellung kann nicht ohne Konsequenzen für unsere Sprache in Verkündigung und Glaubensgesprächen bleiben. Besonders Paulus kann für ein theologisch verantwortliches Sprechen über Ursprung, Wirkungsgeschichte und Überwindung des Bösen als Vorbild gelten. Das bedeutet nicht, daß das Sprechen von Teufel und Dämonen unter dem Eindruck von Aufklärungstheologie und Entmythologisierungsprogrammen überflüssig oder schlechthin unmöglich wird. Die Heilige Schrift selbst macht aber in ihrem Verständnis von Teufel und Dämonen als Gestalten des Bösen deutlich genug auf die Grenzen eines theologisch begründeten Sprachgebrauchs aufmerksam.

---

[48] Vgl. O. Semmelroth, Der Teufel – Wirklichkeit unseres Glaubens?, in: Leb. Zeugnis 1976, Heft 4, 29–41, bes. 38 f.

[49] H. Schlier, Der Römerbrief (HThK VI), Freiburg 1977, 448.

Walter Kasper

DAS THEOLOGISCHE PROBLEM DES BÖSEN

I. DIE VERLEGENHEIT ANGESICHTS DES PROBLEMS DES BÖSEN

An den Fragen der dämonischen Besessenheit und des Exorzismus scheiden sich immer wieder die Geister. Die Sensation, die die Massenmedien damit von Zeit zu Zeit machen, wäre nicht möglich, ginge von den damit zusammenhängenden Phänomenen nicht eine geheime Faszination aus. Teils überwundene, teils verdrängte und ins Unbewußte abgesunkene Dimensionen einer archaischen, magischen und mythischen Welt kommen darin plötzlich wieder zu Bewußtsein und lösen untergründige Ängste, prickelnde Neugierde und teilweise oberflächlich selbstsichere Kritik aus. Das für unser heutiges rationales Wirklichkeitsverständnis zunächst so unassimilierbare Fremde gibt bei genauerer Betrachtung aber auch zu denken. Das Problem des Bösen und seiner Überwindung stellt sich heute nach wie vor. Die zunehmende Rationalisierung unserer Einstellung zur Wirklichkeit schlägt in einer merkwürdigen Dialektik immer wieder in neue Formen der Irrationalität um. Sie bewirkt vor allem nicht nur Gutes, sondern hilft auch das Böse zu organisieren und gibt ihm neue, ungeahnte, grauenhafte Möglichkeiten in die Hand. Namen wie Auschwitz, Hiroshima, Archipel GULag und andere sprechen für sich. Die Fragen des Mythos sind auch noch unsere Fragen. Doch wie steht es mit den Antworten?

Die traditionelle Theologie hat die entsprechenden Aussagen der Heiligen Schrift und der kirchlichen Überlieferung, die vom Teufel, vom Satan, von Dämonen, von bösen »Mächten und Gewalten« sprechen, mehr oder weniger selbstverständlich übernommen[1]. Erst durch die neuzeitliche Aufklärung

[1] Als neuere Darstellung der traditionellen Lehre sei genannt: A. Winkelhofer, Traktat über den Teufel, Frankfurt a. M. 1961. Die neuere Literatur ist verzeichnet in den zusammenfassenden Darstellungen von D. Zähringer, Die Dämonen, in: Mysterium Salutis, Bd. 2, Einsiedeln/Zürich/Köln 1967, 996–1019, und von J. Auer, Die Welt – Gottes Schöpfung (Kleine Kath. Dogmatik, Bd. 3), Regensburg 1975, 501–522. Leider sind manche Darstellungen der traditionellen Lehre von so haarsträubender Naivität, daß sie der Kritik nur allzu berechtigte Angriffsflächen bieten. Indem sie die Funktion des Teufels maßlos übertreiben, bringen sie die über-

sind sie grundsätzlich in Frage gestellt worden[2]. Diese Infragestellung wirkt in verwandelter Form nach in den Versuchen gegenwärtiger Theologie zur Entmythologisierung der Bibel[3]. Dabei geht es nicht darum, die Aussagen über den Teufel, den Satan, die Dämonen, die bösen »Mächte und Gewalten« aus der Bibel zu eliminieren. Die Frage ist vielmehr: Wie sind diese Aussagen zu interpretieren? Meinen sie reale personale Größen, oder handelt es sich um zeitbedingte Personifizierungen realer Mächte des Bösen? Ist der Teufel eine Person, oder ist er eine bloße Chiffre für eine bestimmte Struktur der Wirklichkeit oder für bestimmte psychische bzw. parapsychische Phänomene, die sich heute im Prinzip rational erhellen lassen? Handelt es sich also bei den personalen Aussagen der Schrift und der Tradition um glaubensverbindliche Aussagen über *den* Bösen, oder geht es nur um weltbild- und zeitbedingte Einkleidungen von Aussagen über *das* Böse?
Die theologischen Anfragen an den traditionellen Teufelsglauben treffen sich mit den Fragen vieler Menschen, auch vieler Gläubigen. Ihnen ist der

---

lieferte Lehre mehr in Mißkredit, als daß sie diese positiv erschließen. Man denke an N. Corté, Unser Widersacher der Teufel (Der Christ in der Welt, Bd. V/5), Aschaffenburg 1957; E. v. Petersdorff, Dämonologie, 2 Bde., München 1956–57.

[2] Vgl. E. Hirsch, Geschichte der neueren evangelischen Theologie im Zusammenhang mit den allgemeinen Bewegungen des europäischen Denkens, Gütersloh 1960, Bd. 1, 206–209 (J. Weier, F. v. Spee, B. Bekker); Bd. 4, 67 f (S. Semler), 93–96 (sog. Teufelsstreit); Bd. 5, 140–144 (pietistische Gegenbewegung), 327, 371 (F. Schleiermacher).

[3] Von grundlegender Bedeutung ist nach wie vor R. Bultmann, Neues Testament und Mythologie. Das Problem der Entmythologisierung der neutestamentlichen Verkündigung (Kerygma und Mythos, Bd. 1), Hamburg-Bergstedt [4]1960, 15–48, bes. 17 f. Die gegenwärtige Diskussion wird bestimmt von H. Haag, Abschied vom Teufel (Theol. Meditationen, 23), Einsiedeln [4]1973; ders., Teufelsglaube (mit Beiträgen von K. Elliger, B. Lang, M. Limbeck), Tübingen 1974. Vorangegangen war die Diskussion um J. Duquoc, Satan – symbole ou réalité?, in: Lumière et vie 78 (1966) 99–105 (deutsch: Satan – Symbol oder Person?, in: Theol. d. Gegenw. 99 [1966] 187–192). Es folgten die Beiträge in Concilium 11 (1975) Heft 3 und in Bibel und Kirche 1975 Heft 1 und 2 (dort besonders der instruktive Literaturbericht von H. Häring, Satan, das Böse und die Theologen, 27–30, 66–68). – Die Ansprache Pauls VI. vom 15. 11. 1972, abgedruckt in: HK 27 (1973) 125–127, ist offensichtlich im Zusammenhang mit dieser Diskussion zu sehen, ebenso das Studiendokument der römischen Kongregation für die Glaubenslehre »Christlicher Glaube und Dämonenlehre«, in: Osservatore Romano v. 26. 6. 1975 (in der franz. Ausgabe v. 4. 7. 1975), deutsch in: Nachkonziliare Dokumentation 55, Trier 1977. – Besprechungen zu H. Haag u. a.: E. Zenger, in: HK 27 (1973) 128–131; Ph. Kaiser, in: HK 29 (1975) 36–38; L. Scheffczyk, in: MThZ 26 (1975) 387–396; ders., in: Theol. Rev. 73 (1977) 131–136.

Teufelsglaube in seiner herkömmlichen Gestalt einfach nicht mehr vollziehbar und durch alle möglichen Beimischungen von Aberglaube und Folklore, nicht zuletzt aber durch teilweise grauenhafte Formen seines Mißbrauchs zutiefst unglaubwürdig und verdächtig geworden. Sie halten ihn für einen heute überwundenen oder zumindest zu überwindenden Rest eines magischen oder mythischen Denkens und können damit mit dem besten Willen nichts mehr anfangen. Die theologischen wie die von der gegenwärtigen Erfahrung herkommenden Fragen haben in der Theologie eine erhebliche Verlegenheit verursacht, die sich oft darin äußert, daß man die Frage nach dem Teufel mehr oder weniger offen läßt[3a]. Die Probleme, die sich hier stellen, sind in der Tat von so großem Gewicht, daß eine bloße Reaffirmation der traditionellen Lehre kaum möglich erscheint.

Eine simple Negation der traditionellen Lehre, ein »Abschied vom Teufel«, ist indes ebensowenig möglich. Das Phänomen des Bösen ist eine unabweisbare Gegebenheit der Erfahrung. Kein pseudoaufklärerischer Optimismus kann darüber hinwegtäuschen, daß es in der Wirklichkeit Abgründe gibt, die zur Anfrage an den Glauben und an die den Glaubenden auslegende Theologie werden. Das Phänomen des Bösen ist sogar mehr als alle abstrakten erkenntnistheoretischen, mehr auch als die gewiß wichtigen philosophischen und ideologie-kritischen Fragen für das Gottesproblem existentiell von fundamentaler Bedeutung. Die Erfahrung des Bösen kann sowohl ein Argument für die Hoffnung auf Erlösung durch Gott sein, wie ein Argument gegen Gott, ja es kann ein Grund sein, Gott zu lästern. Denn was ist das für ein Gott, der eine Welt schafft, in der das Böse unter Menschen nicht nur die Form einzelner fast liebenswerter Schwächen, sondern oft genug die Gestalt perverser Bosheit annimmt, eine Bosheit, die strukturelle und institutionelle Formen annehmen kann, eine Welt, in der es geradezu dämonischen Willen zur Macht, zu Genuß und Besitz, dämonische Grausamkeit und Zerstörungswut gibt? Eine Rede von Gott, die solchen Fragen nicht standhält, bleibt abstrakt, sie verliert jeden Ernst und jede konkrete Bedeutung.

[3a] Diese Verlegenheit drückt sich vor allem in einer neueren vermittelnden dritten Position aus, die teilweise von Autoren vertreten wird, die früher die traditionelle Lehre nachdrücklich unterstützt haben, nunmehr aber die Frage des Teufels mehr oder weniger offenhalten wollen. Vgl. K. Rahner, Besessenheit und Exorzismus, in: StdZ 101 (1976) 721–722; O. Semmelroth, Abschied vom Teufel? Mächte und Gewalten im Glauben der Kirche, in: Theol. Akademie, Bd. 8, Frankfurt a. M. 1971, 48–69; ders., Der Teufel – Wirklichkeit unseres Glaubens?, in: Lebendiges Zeugnis 31 (1976) Heft 3, 29–41; W. Beinert, Müssen Christen an den Teufel glauben?, in: StdZ 102 (1977) 541–554.

Der Weg zwischen simpler Reaffirmation und simpler Negation ist der einer sorgfältigen Rekonstruktion[4]. Das Ausgangsproblem einer solchen Rekonstruktion kann freilich nicht die naive Frage sein, ob es den Teufel gibt oder ob es ihn nicht gibt. Selbstverständlich gibt es den Teufel nicht in der Weise, wie es die Dinge unserer alltäglichen Erfahrung oder wie es auch Menschen gibt. Die üblichen bildhaften Vorstellungen – etwa der Teufel als monströse Gestalt mit Bocksfuß und Hörnern – gehören daher von vornherein in den Bereich der Märchen und der Folklore. Doch mit der Abweisung solcher unernsten, ja humorigen Formen das Problem zu stellen und zu lösen, ist die ernsthafte Frage nach dem Bösen noch in keiner Weise beantwortet. Denn die Antwort auf die naive Frage, ob es den Teufel gibt, hängt nicht zuletzt davon ab, was das »es gibt« in diesem Zusammenhang bedeutet, welches also der Sinn einer solchen Ist-Aussage oder Ist-nicht-Aussage ist. Die Frage ist deshalb zunächst, in welcher Weise wir uns der gestellten Frage überhaupt sachgemäß zuwenden können. Welches ist die Dimension, in der die Frage nach dem Bösen und seiner personalen Benennung überhaupt angemessen gestellt und gegebenenfalls angemessen beantwortet werden kann?
Um dieses Problem nach der richtigen Dimension einer sachgemäßen Frage nach dem Bösen geht es im folgenden. Es geht also mehr darum, das Problem des Bösen zu erschließen, als es abschließend zu beantworten. Deshalb wird im einzelnen sehr vieles offenbleiben müssen. Vor allem die Fragen um dämonische Besessenheit und Exorzismus können nicht ausführlich angegangen werden. Es geht uns um die Erschließung des Zugangs, um das Abstecken des Rahmens und des Horizonts, um die Andeutung der Richtung, in der eine Lösung theologisch möglich sein kann. Diese – im weitesten Sinn verstandene – fundamentaltheologische Akzentuierung dürfte am ehesten der gegenwärtigen Glaubenssituation entsprechen.

---

[4] »Rekonstruktion bedeutet in unserem Zusammenhang, daß man eine Theorie auseinandernimmt und in neuer Form wieder zusammensetzt, um das Ziel, das sie sich gesetzt hat, besser zu erreichen: das ist der normale (...) Umgang mit einer Theorie, die in mancher Hinsicht der Revision bedarf, deren Auslegungspotential aber noch (immer) nicht ausgeschöpft ist« (J. Habermas, Zur Rekonstruktion des Historischen Materialismus [Suhrkamp Taschenbuch Wissenschaft, 154], Frankfurt a. M. 1974, 9).

II. PHILOSOPHISCHE DIMENSIONEN DER FRAGE NACH DEM BÖSEN

Der erste und gegenwärtig meist unternommene Zugang zum Problem des Bösen führt über den Weg der Erfahrung. Man sagt: Das Böse ist eine Wirklichkeit der menschlichen Erfahrung. Es gibt das Abgründige, Absurde, Monströse, Destruktive, Wesen- und Antlitzlose. Nicht nur die Bibel und die kirchliche Tradition, auch die moderne Literatur (vor allem G. Bernanos und F. Mauriac, aber auch F. Kafka, A. Camus, B. Brecht u. a.), und die modernen Humanwissenschaften (Tiefenpsychologie, Soziologie, Verhaltensforschung, besonders Parapsychologie) sprechen davon[5]. Aus der gegenwärtigen Philosophie kann man u. a. an E. Bloch, L. Kolakowski, P. Ricœur erinnern[6]. Daß die Welt im argen liegt, ist offensichtlich eine allgemein menschliche Erfahrung und Klage, die man nicht mit einem billigen aufklärerischen Optimismus überspielen kann. Das alles wird niemand leugnen. Die Frage ist aber, ob die Teufelsaussage eine verbindliche, ja überhaupt

---

[5] Viel diskutiert wurde in den letzten Jahren vor allem K. Lorenz, Das sogenannte Böse. Zur Naturgeschichte der Aggression, Wien 1963; gesellschaftskritisch weitergeführt durch: A. Plack, Die Gesellschaft und das Böse. Eine Kritik der herrschenden Moral, München 1967; wesentlich korrigiert durch: I. Eibl-Eibesfeld, Der vorprogrammierte Mensch. Das Ererbte als Faktor im menschlichen Verhalten, Wien/München/Zürich 1973; vom behavioristischen Standpunkt aus: S. B. F. Skinner, Jenseits von Freiheit und Würde, Hamburg 1973; eine umfassende Neuaufnahme des gesamten Themas unter Weiterführung marxistischer wie freudianischer Positionen: E. Fromm, Anatomie der menschlichen Destruktivität, Stuttgart 1973. Zu den Fragen der Parapsychologie vgl. H. Bender, Parapsychologie, Darmstadt 1971; J. Mischo, Interdisziplinäre, diagnostische und psychohygienische Perspektiven bei Fällen von »dämonischer Besessenheit«, in: Concilium 11 (1975) 188–198. Vgl. den Überblick der gesamten Diskussion über das Problem des Bösen in: Concilium 6 (1970) Heft 5.

[6] Vgl. E. Bloch, Atheismus im Christentum. Zur Religion des Exodus und des Reichs, Frankfurt a. M. 1968, 318–327; ders., Aufklärung und Teufelsglaube, in: O. Schatz (Hrsg.), Hat die Religion Zukunft?, Graz/Wien/Köln 1971, 120–134; ders., Experimentum mundi, Frankfurt a. M. 1975, 230–238; L. Kolakowski, Gespräche mit dem Teufel. Acht Diskurse über das Böse und zwei Stücke, München 1968; P. Ricœur, Die Fehlbarkeit des Menschen. Phänomenologie der Schuld I, Freiburg/München 1971; ders., Symbolik des Bösen. Phänomenologie der Schuld II, Freiburg/München 1971. Ähnlich wie Ricœur schon B. Welte, Über das Böse. Eine thomistische Untersuchung (Quaestiones disp., 6), Freiburg i. Br. 1959. Einen Überblick über die philosophische Diskussion geben W. Post, Philosophische Theorien über das Böse, in: Concilium 6 (1970) 430–434 und W. Oelmüller, Zur Deutung gegenwärtiger Erfahrungen des Leidens und des Bösen, in: Concilium 11 (1975) 198–207; ders. Art. Das Böse, in: Handb. philos. Grundbegriffe I, 255–268.

eine brauchbare Deutekategorie für diese Erfahrung ist. Die modernen Wissenschaften glauben sich jedenfalls prinzipiell in der Lage, sämtliche mit dem Teufel in Zusammenhang gebrachten Phänomene auch ohne diesen im Rahmen ihrer Theorien und Erklärungshypothesen einzuordnen. Die genannten Philosophen aber kommen zu Deutungen, für die der Teufel eine Art Chiffre ist für eine bestimmte Struktur des Seins bzw. der menschlichen Freiheit. Das Argument der menschlichen Erfahrung allein hilft also nicht weiter. Der Streit geht vielmehr um die rechte Deutung dieser Erfahrung.

Um diesen Streit entscheiden zu können, müssen wir die Dimension der bloßen Erfahrung überschreiten und uns auf das philosophische Denken einlassen. Wir gehen dabei so vor, daß wir zunächst die grundlegende Dimension der Freiheit erschließen, um dann in verschiedenen Gedankenschritten deutlich zu machen, wie man grundsätzlich in der Dimension der Freiheit verbleibend dennoch die Dimension des Sittlichen überschreiten muß, um dem Phänomen des Bösen gerecht zu werden.

Unsere grundlegende These lautet: Die Dimension, in der das Problem des Bösen philosophisch sinnvoll verhandelt werden kann, ist die Dimension der menschlichen Freiheit. Im Unterschied zum physischen und psychischen Übel (malum physicum) gibt es das Böse (malum morale) nur, wo Freiheit und damit Zurechnung und Verantwortung gegeben ist. Diese These richtet sich gegen alle Versuche, das Problem des Bösen allein aufgrund von Sachgesetzlichkeiten, Strukturen, Anlagen, ererbten Verhaltensweisen, Milieubedingungen und dergl. lösen zu wollen. Niemand wird bestreiten, daß es dies alles gibt und daß dies alles in Seelsorge, Erziehung, Rechtsprechung zu berücksichtigen ist. Versucht man jedoch mit dem Hinweis auf diese die Freiheit unbestreitbar mitbestimmenden Faktoren die Dimension der personalen Verantwortung grundsätzlich in Frage zu stellen, dann führt dies im zwischenmenschlichen Verhalten letztlich zu absurden Konsequenzen. Denn wir können gar nicht anders auf eine menschliche Weise zusammenleben, als daß wir uns gegenseitig als selbstverantwortliche Personen anerkennen. Die grundsätzliche Eliminierung der Kategorie des Bösen als einer ethischen Kategorie konstruiert letztlich einen grandiosen Entschuldigungsmechanismus, der antihuman ist, weil er Verantwortung und Selbstbestimmung leugnet und den Menschen zur Sache degradiert[7]. Jede Diskussion über das Phänomen des Bösen muß also, will sie das Phänomen nicht von vornherein verfehlen, vom Standpunkt der Freiheit ausgehen.

---

[7] Vgl. O. Marquardt, Schwierigkeiten mit der Geschichtsphilosophie, Frankfurt a. M. 1973, 66–82.

Die Frage, mit der für unser Problem alles steht und fällt, ist nun aber, ob man in dieser Dimension des Sittlichen stehenbleiben kann. Bereits Kant, der wie kein anderer die Autonomie des Menschen im Sittlichen betonte, stieß hier auf ein unergründliches Geheimnis. Den berühmten ersten Teil seines Werkes »Die Religion innerhalb der Grenzen der bloßen Vernunft« (1793) hat er bezeichnenderweise folgendermaßen überschrieben: »Von der Einwohnung des bösen Prinzips neben dem guten: oder über das radikal Böse in der menschlichen Natur«[8]. Im Gegensatz zu dem Optimismus der Moralisten von Seneca bis Rousseau stellt Kant im Menschen einen Hang zum Bösen fest. Dieser Hang zum Bösen ist für ihn im Unterschied zur Neigung nicht einfach naturgegeben; er ist vielmehr als Bestimmung des freien Willens zu verstehen und muß als frei zugezogen gedacht werden. Man kann ihn nach Kant – im Anschluß an die Bibel – auch als die Verkehrtheit des menschlichen Herzens bezeichnen. Der Hang des Menschen zum Bösen hat also nichts mit der Sinnlichkeit zu tun; er besteht vielmehr in der Verkehrtheit der sittlichen Maximen, in der Verkehrung der sittlichen Ordnung. Der Mensch findet sich je schon als durch das Böse affiziert vor, und er muß doch – soll der sittliche Anspruch nicht aufgegeben werden – zugleich als für das Böse verantwortlich bezeichnet werden. Das ist für Kant ein unerforschliches Geheimnis.
Dieser Paradoxie ist neuerdings P. Ricœur wieder nachgegangen, um das Problem über Kant hinaus voranzutreiben. Ricœur arbeitet heraus, daß man von der Wirklichkeit des Bösen nur in der Weise des Bekenntnisses reden kann[9]. Im Bekenntnis spricht der Mensch aber in der Weise von seiner Schuld, daß er diese je schon hinter sich hat. Im Bekenntnis findet sich der Mensch je schon als schuldig vor. Er bekennt sich – im doppelten Sinn des Wortes – als vom Bösen betroffen. Das führt Ricœur zu dem paradoxen Begriff des unfreien Willens (servum arbitrium). Das damit Gemeinte kommt in den Mythen in verschiedenen Bildern zum Ausdruck: im Bild vom Makel, vom Fall, vom Satan u. a. Immer geht es darum, daß der Mensch das Böse jeweils bereits vorfindet, bei sich und in der Welt. Keiner beginnt absolut. Dennoch ist es der Mensch, der das Böse in Gang setzt, indem er ihm nachgibt. »Sündigen heißt nachgeben.« So taucht am Horizont der bösen Tat die Gestalt des Versuchers auf. Diese Gestalt bleibt bei Ricœur jedoch eine

---

[8] Vgl. I. Kant, Die Religion innerhalb der Grenzen der bloßen Vernunft, in: Werke in sechs Bänden, hrsg. v. W. Weischedel, Bd. 4, 665–694. Dazu: J. Schwartländer, Der Mensch ist Person. Kants Lehre vom Menschen, Stuttgart/Berlin/Köln/Mainz 1968, 219–233.
[9] Vgl. P. Ricœur, Symbolik des Bösen, 9 ff.

Struktur der Sünde des Menschen. Man kann sie nur an den Grenzen der Erfahrung des Versuchtwerdens, nicht außerhalb dieser Struktur des Versuchtwerdens identifizieren[10]. Der ontologische Rang dieser Gestalt des Versuchers bleibt damit ungeklärt. Dennoch sind wir mit der Vorfindlichkeit des Bösen an die Grenzen der Dimension des Sittlichen gelangt.

Die theologische Tradition versucht dieses Vorgegebensein der Sünde bis in die Gegenwart herein unter dem mißverständlichen Begriff der Erbsünde zur Sprache zu bringen[11]. Die meisten Theologen deuten das damit Gemeinte heute nicht mehr mit Hilfe biologischer Kategorien wie Vererbung, sondern mit Hilfe sozialontologischer Kategorien. Sie verstehen Erbsünde als die universale Unheilssituation, die jeden Menschen aufgrund seiner mitmenschlichen Verflechtung zuinnerst, und d. h. auch: ontologisch bestimmt. Aufgrund dieser universalen mitmenschlichen Solidarität findet sich jeder Mensch je schon in einer durch Sünde, Schuld, Böses geprägten Situation vor. Auf diese sehr breit geführte Diskussion kann in diesem Zusammenhang nicht eingegangen werden. Sie verbleibt prinzipiell innerhalb der Dimension des Sittlich-Personalen; sie macht nur ernst damit, daß das Personale nur in Interpersonalität existiert, so daß es das Sittliche nur in der unaufhebbaren Spannung von personaler und sozialer Existenz gibt.

Die Frage ist nun aber, ob man nicht auch die durch das Moment der Mitmenschlichkeit erweiterte Dimension des Sittlichen nochmals auf eine umfassendere Dimension hin überschreiten muß. Das ist in der Tat der Fall. Denn die Macht des Bösen in der Menschheit ist nicht nur die Summe einzelner böser Taten; in ihr akkumuliert sich das Böse nicht nur, um sich dann in quasi-institutioneller Weise in Gewohnheiten, Grundsätzen, Unsitten, Einrichtungen, im »bösen Geist« einer Zeit, eines Volkes, einer Rasse oder Klasse auszuzeugen. Zur menschlichen Freiheit und damit zum Bösen gehört vielmehr auch, wie R. Guardini, P. Tillich, H. U. von Balthasar, P. Ricœur u. a. gezeigt haben, das Moment des Schicksalhaften, Tragischen, Verhängnisvollen[12]. Die menschliche Freiheit ist ja nicht nur mitmenschlich situierte

---

[10] Vgl. a.a.O. 296.

[11] Vgl. den Überblick bei U. Baumann, Erbsünde? Ihr traditionelles Verständnis in der Krise heutiger Theologie (Ökum. Forschungen II, 2), Freiburg/Basel/Wien 1970; W. Kasper, Jesus der Christus, Mainz [6]1977, 240 ff.

[12] Vgl. R. Guardini, Freiheit, Gnade, Schicksal. Drei Kapitel zur Deutung des Daseins, München 1948; P. Tillich, Systematische Theologie, Bd. 2, Stuttgart 1958, 43 ff, 72 ff; H. U. v. Balthasar, Die Gottvergessenheit der Christen. Das Tragische und der christliche Glaube, in: Hochland 57 (1964/5) 1–11; P. Ricœur, Symbolik des Bösen, 241 ff, 354 ff.

Freiheit. Sie ist in das Ganze der Wirklichkeit hineinverflochten und dabei dem Zwiespältigen, Unheimlichen, Abgründigen in der Wirklichkeit der Welt ausgeliefert. Die Frage ist also: Welcher Art ist die Wirklichkeit, daß sie für den Menschen »Raum« der Freiheit wie der Unfreiheit sein kann, daß sie als beglückende wie als widrige, unheimliche, verhängnisvolle Wirklichkeit erfahren werden kann? In traditionellen Kategorien formuliert: Wie verhalten sich moralisches und physisches Übel?

Dieser Frage nach den welthaften Bedingungen von Gut und Böse ist vor allem P. Teilhard de Chardin nachgegangen. Er war einer der ersten katholischen Theologen, die mit dem neuzeitlichen evolutiven Weltbild ernst machten; das führte ihn von allem Anfang an auf die Frage nach dem Ursprung des Bösen[13]. Die Generallinie seiner Antwort ist bekannt: In einer evolutiven Welt, die nur tastend und unter vielfältig mißglückenden Versuchen vorwärts kommt, ist das Böse eine statistische Notwendigkeit. Das gilt auch vom Bösen im Bereich des Humanen; denn das menschliche Bewußtsein erwacht inmitten einer unfertigen, im Gären befindlichen Welt. So wird es von Angst erfüllt und versucht, entweder den Fortschritt in eigenmächtiger Weise selbst in die Hand zu nehmen oder ihn zu verweigern. Deshalb ist das Böse auch auf dem Weg vom Humanen zum Ultra-Humanen der Schatten des Werdens, Nebenprodukt des Fortschritts. Letztlich setzt sich im Bösen die ursprüngliche Vielheit gegen die immer komplexer und zentrierter werdende Einheit durch. Als Anfang nimmt Teilhard deshalb ein als unbestimmte Vielfalt verstandenes Nichts an, durch dessen fortschreitende Einigung die Schöpfung zustande kommt[14]. Dies stellt, wie schon oft bemerkt wurde, eine höchst problematische Lösung dar. Teilhard de Chardin bemerkt selbst, daß diese Lösung nach Manichäismus riecht[15]. Denn wenn das Böse statistisch notwendig mit der Endlichkeit der im Werden begriffenen Welt gegeben ist, dann fällt es mit der Schattenseite des

---

[13] Vgl. P. Teilhard de Chardin, Sündenfall, Erlösung und Geozentrik, in: Mein Glaube (WW 10), Olten/Freiburg i. Br. 1972, 47–57; Über einige mögliche historische Darstellungen der Erbsünde, in: a.a.O. 58–70; Christologie und Evolution, in: a.a.O. 177–180; Gedanken über die Erbsünde, in: a.a.O. 224–237; Der Mensch im Kosmos, München 1959, 308–311.

[14] Vgl. ders., Der Kampf gegen die Vielheit, in: Frühe Schriften, Freiburg/München 1968, 109–136; Die schöpferische Einigung, in: a.a.O. 181–215; Christentum und Evolution, in: Mein Glaube, bes. 213 f; Kontingenz des Universums und menschliche Lust zu Überleben, in: a.a.O. 263–271; Mein Weltbild, Olten/Freiburg i. Br. 1973, 53–62.

[15] Vgl. ders., Die schöpferische Einigung, 199.

Lebens und der Wirklichkeit zusammen. Das malum physicum und das malum morale weisen dann zurück auf das malum metaphysicum, die Endlichkeit der Welt.

Mit dieser Rückführung des Problems des Bösen auf das malum metaphysicum[16], d. h. auf die mit der Endlichkeit der Welt gegebene Begrenzung, ist die letzte und umfassendste Dimension, die metaphysische Frage nach dem Sein, erreicht. Die Frage nach dem Bösen stellt uns damit vor die Frage nach dem Sinn von Sein überhaupt. Es entsteht die Frage: Ist das endliche Sein an sich gut, gilt also das klassische Axiom: ens et bonum convertuntur (Sein und Gutsein sind identisch)?[17] Oder ist das endliche Sein in sich zwiespältig, hat es einen Hang zum Bösen? Damit hat sich die ursprünglich gestellte Frage in unerhörter Weise verschärft. Wir gingen ja aus von der Frage, inwiefern das Böse »ist«. Jetzt müssen wir feststellen, daß die Frage nach dem Sein des Bösen gar nicht beantwortet werden kann durch Hinweise auf dieses oder jenes einzelne Seiende, sondern nur im Horizont der Frage nach dem Sein der endlichen Wirklichkeit insgesamt. Dieses Ergebnis ist eigentlich nicht überraschend, denn die Dimension der Frage nach dem Sein ist auch die Dimension der Freiheit. Nur weil der Mensch in seiner Freiheit der Wirklichkeit des Seins insgesamt zugewandt ist, ist er frei gegenüber dem einzelnen Seienden. Nur im umfassendsten Horizont, der menschlichem Denken überhaupt möglich ist, im Horizont der Seinsfrage, kann die Frage nach dem Bösen richtig gestellt und sachgemäß beantwortet werden.

Mit dieser umfassenden Weise, das Problem des Bösen zu stellen, ist auch schon die theologische Dimension der Frage nach dem Bösen angesprochen. Denn die Frage nach dem Sinn von Sein ist theologisch gesprochen die Frage nach dem Sinn der Schöpfung. In theologischer Perspektive müssen wir deshalb die Dimension der menschlichen Freiheit nochmals auf eine umfassendere Dimension, nämlich auf die Dimension der Freiheit Gottes hin überschreiten.

---

[16] Dieser Begriff wurde bekanntlich erst von G. W. Leibniz in die Diskussion eingeführt in seinen 1710 erschienenen Essais de Théodicée sur la bonté de Dieu, la liberté de l'homme et l'origine du mal, dt. Die Theodizee (Philos. Bibl. 71), Hamburg ²1968, 287, 449 f.

[17] Vgl. Thomas von Aquin, Summa theologiae I q. 5 a. 3; Contra gentes II, 43; III, 20; De Veritate q. 21 a. 2.

III. DIE THEOLOGISCHE PERSPEKTIVE DER FRAGE NACH DEM BÖSEN

Die theologische Antwort auf die soldermaßen verschärfte und umfassend gestellte Frage nach dem Bösen ergibt sich nicht auf dem Weg einer philosophischen Spekulation. Die Antwort ist dem Theologen vielmehr im Evangelium vorgegeben. Die zentrale Botschaft des Evangeliums ist, daß Gott sich in Jesus Christus ein für allemal als Herr aller Wirklichkeit, als Herr über Leben und Tod, als Herr auch über alle »Mächte und Gewalten« des Bösen erwiesen hat, so daß wir im Glauben die Gewißheit haben, daß Gott am Ende »alles in allem« sein wird[18]. Neben dieser Botschaft von Gott, der durch Jesus Christus im Geist am Ende »alles in allem« sein wird, gibt es keine zusätzliche Wahrheiten des Glaubens. Alles andere, was theologisch auch noch gesagt werden kann und gesagt werden muß, ist im Grunde nur die Entfaltung dieser einen zentralen Aussage. In ihr ist bereits Entscheidendes mitgesagt über die Wirklichkeit des Bösen. Bei allem revolutionären Flair, den sie sich zulegen mag, ist sie das ewig Gestrige und hoffnungslose Veraltete. Nicht Angst vor dem Bösen, sondern die Hoffnung auf seine endgültige Überwindung ist die christliche Grundhaltung gegenüber dieser Wirklichkeit.

Die nähere theologische Entfaltung der Lehre vom Bösen vollzog sich innerhalb der Schöpfungslehre[19]. Die Schöpfungsaussage ist in dem zentralen Bekenntnis zu Gottes eschatologischem und universalem Heilshandeln in Jesus Christus mitgegeben. Denn Gott kann nur deshalb am Ende »alles in allem« sein, weil er von allem Anfang an die alles bestimmende Wirklichkeit ist, neben der es kein Gegenprinzip, neben der es aber auch kein von Gott unabhängiges Chaos geben kann. Der Schöpfungsglaube besagt deshalb, daß alles, was ist, nur dadurch ist, daß Gott ihm in freier Weise aus Liebe Anteil gibt an seinem eigenen Sein. Damit ist eine zweite Grundaussage über die Wirklichkeit des Bösen gegeben: Das Böse hat im eigentlichen Sinn des Wortes keine Eigenwirklichkeit. Denn alle Wirklichkeit ist als von Gott frei gewollte, von ihm ins Dasein gerufene und von ihm im Dasein

---

[18] Vgl. W. Kasper, Jesus der Christus, Mainz [6]1977.

[19] Zum Ursprung des Schöpfungsglaubens aus dem heilsgeschichtlichen Glauben vgl. u. a. G. v. Rad, Das theologische Problem alttestamentlichen Schöpfungsglaubens, in: Gesammelte Studien zum AT, München [3]1965, 137–147; A. Renkens, Urgeschichte und Heilsgeschichte, Mainz [4]1967; C. Westermann, Genesis (Bibl. Kommentar, AT, Bd. I/1), Neukirchen-Vluyn 1974.

erhaltene grundsätzlich gut. Das Böse mag sich deshalb noch so großtuerisch und gewalttätig aufspielen, es ist theologisch dennoch das im doppelten Sinn des Wortes Eitle: das, was sich groß macht und aufbläht und sich doch als leer, hohl und nichtig erweist.

Aus diesem Grundansatz der christlichen Schöpfungslehre ergibt sich die nähere Entfaltung der christlichen Lehre vom Bösen durch eine doppelte Abgrenzung: durch die Abweisung des Dualismus und durch die Abweisung des Monismus[20]. Der Dualismus (Gnosis, Priszilianismus, Manichäismus) erklärt das Böse dadurch, daß er neben Gott ein von Gott unabhängiges böses Prinzip annimmt. Diese Lehre ist, wie unmittelbar einleuchtet, mit der christlichen Heilsbotschaft schlechterdings unverträglich. Denn das christliche »Gott alles in allem« läßt in keiner Weise eine von Gott unabhängige oder ihm entgegengesetzte Macht zu. Alles, was nicht Gott selbst ist, kann nur radikal von ihm her und auf ihn hin sein und muß deshalb als Gottes Schöpfung begriffen werden, die von Gott nur gut geschaffen sein kann. Deshalb ist es theologisch ganz und gar unerträglich, ja gotteslästerlich, die Endlichkeit und Begrenztheit, die zur Schöpfung als einer endlichen Größe nun einmal gehören, mit dem Bösen zu identifizieren. Die von Leibniz aufgebrachte Rede von einem malum metaphysicum ist darum theologisch mehr als bedenklich. Die spezifisch christliche Antwort auf das Problem des Bösen wird freilich erst deutlich, wenn man die Abgrenzung nicht nur gegenüber dem Dualismus, sondern ebenso gegenüber dem Monismus vollzieht. Der Monismus erkennt der Schöpfung keinerlei Eigenständigkeit gegenüber dem Schöpfer zu; er ist deshalb gezwungen, das Böse in irgendeiner Weise auf Gott selbst zurückzuführen und damit Gott zu dämonisieren. Dies wiederum widerspricht in eklatanter Weise der in der christlichen Heilsbotschaft bezeugten Heiligkeit Gottes. Sowohl die dualistische wie die monistische Lösung des Problems des Bösen stehen also in unvereinbarem Widerspruch zu den Grundgegebenheiten des christlichen Gottes- und Schöpfungsbegriffs und scheiden damit grundsätzlich aus.

Mit dieser doppelten Abgrenzung ist der Rahmen für eine theologische Antwort auf die Frage nach dem Bösen sehr eng geworden. Es gibt nämlich gar nicht beliebig viele Modelle zur Lösung dieser Frage. Nach Ausschluß des Dualismus und Monismus bleibt im Grunde nur noch eine Möglichkeit: eine geschichtliche Wesensbestimmung des Bösen. Diese klassische Antwort geht davon aus, daß die Wirklichkeit von Gott gut geschaffen ist, daß das

---

[20] Vgl. L. Scheffczyk, Schöpfung und Vorsehung (Handb. d. Dogmengeschichte, Bd. II/2a), Freiburg/Basel/Wien 1963.

Böse aber durch geschichtliche Entscheidung der mit Freiheit begabten Geschöpfe Wirklichkeit geworden ist[21].

Diese geschichtliche Bestimmung des Bösen ist nur verständlich auf dem Hintergrund der christlichen Gesamtkonzeption des Sinns der Schöpfungswirklichkeit. Die Schöpfung ist nämlich nur dann sinnvoll, wenn die in ihr wirksame Freiheit und Güte Gottes in der Schöpfung auch als solche wirklich ankommt, d. h. wenn sie als Freiheit und Güte erkannt und anerkannt wird. Der Sinn der Schöpfung wird also erst in und durch geschöpfliche Freiheit realisiert. Erst in freien Geschöpfen kommt die Schöpfung sozusagen zu sich selbst. Die Schöpfung ist nur dann keine sinnlose Selbstdemonstration der Macht Gottes und keine narzistische Selbstbespiegelung der Herrlichkeit des Schöpfers, wenn in ihr das Lob und die Verherrlichung Gottes durch freie Wesen ertönt. Die Anerkennung und Verherrlichung Gottes begrenzt und unterdrückt also nicht geschöpfliche Freiheit, sondern setzt solche geschöpfliche Freiheit voraus. Erst in der geschichtlichen Entscheidung geschöpflicher Freiheit verwirklicht sich der Sinn der Welt. Mit dieser personalen Sicht der Wirklichkeit haben wir deshalb eine Position jenseits von Dualismus und Monismus erreicht, nämlich eine geschichtliche, oder besser: eine dialogische Sicht der Wirklichkeit, biblisch gesprochen: ein Verständnis der Wirklichkeit im Horizont des Bundes. Welt ist nicht einfach, sie geschieht und konstituiert sich geschichtlich im Dialog zwischen Gott und seinen freien Geschöpfen.

Dieses Verständnis der Wirklichkeit als geschehende Geschichte bedeutet für das Problem des Bösen, daß in der Schöpfung von Gott her zwar nicht die Wirklichkeit des Bösen, aber doch indirekt die Möglichkeit des Bösen angelegt ist. Wenn Gott die Welt als frei vor ihm verantwortete will, dann kann

---

[21] Auf diesen Aspekt kommt es der bekannten Definition des IV. Laterankonzils (1215) vor allem an: »Diabolus enim et alii daemones a Deo quidem natura creati sunt boni, sed ipsi per se facti sunt mali« (Der Teufel und die anderen Dämonen wurden von Gott gut geschaffen; sie wurden durch ihre eigene Schuld böse) (DS 800). Diese Aussage muß streng von ihrer Absicht, die dualistische Irrlehre der Katharer zurückzuweisen, her interpretiert werden. Sie besagt dann ein Doppeltes: 1. Alles, was außer Gott existiert, existiert nur aufgrund seiner Schöpfertat und nicht aufgrund einer anderen Ursache: Deshalb ist alles, was ist, gut erschaffen worden. 2. Alles Übel und alles Sündhafte geht auf freies geschöpfliches Versagen zurück. Umstritten ist, ob das Konzil damit auch die Existenz der Dämonen positiv definiert hat, ob die zitierte Aussage also absolut oder aufgrund des damaligen Weltbildes nur hypothetisch gemeint ist, d. h. ob dogmatisch verbindlich lediglich gesagt werden soll: Wenn es Dämonen gibt, dann sind sie gut erschaffen und durch ihre eigene Freiheit böse geworden. Vgl. Ch. Meyer, Die lehramtlichen Verlautbarungen über Engel und Teufel, in: Concilium 11 (1975) 184–188.

er dies nur, indem er grundsätzlich die geschöpfliche Entscheidung gegen sich offen läßt. Auch Gott kann die Freiheit nur wollen, indem er auch das Risiko der Freiheit eingeht. Ja die Freiheit der Schöpfung ist ihm offensichtlich so unendlich viel wert, daß die dadurch möglichen negativen Konsequenzen demgegenüber zweitrangig werden. Die Möglichkeit des Bösen ergibt sich also nicht aus der Unvollkommenheit und Schwäche der Schöpfung, sondern gerade umgekehrt aus ihrer Größe und Würde, aus dem, was das vollkommenste in ihr ist: die Wirklichkeit endlicher Freiheit, die Wirklichkeit der Person. Das aber bedeutet: Die eingangs gestellte Frage »das Böse« oder »der Böse« bzw. »die Bösen« kann theologisch gar nicht offen bleiben. Eine rein sachliche Rede vom Bösen, von einem Bösen also ohne endliches personales Subjekt, ist theologisch unhaltbar, weil sie – konsequent durchgeführt – entweder Gott selbst zum Urheber des Bösen macht und Gott damit dämonisiert oder aber ein böses Urprinzip neben Gott behaupten muß und Gott damit als Gott entmachtet. Schließt man diese beiden Möglichkeiten aus, dann bleibt nur die Möglichkeit, das Böse als Ausfluß einer geschöpflichen Freiheit zu begreifen.

Aus der geschichtlichen Bestimmung der Wirklichkeit insgesamt und der Wirklichkeit des Bösen im besonderen ergibt sich eine dritte Wesensaussage über das Böse. Im Tun des Bösen maßt sich das Geschöpf an, die Möglichkeiten, die Gott durch die Wirklichkeit der Schöpfung ausgeschlossen hat, zu entbinden, die Ordnung des Kosmos wieder aufzulösen und das Chaos zu entfesseln[22]. Im Bösen gibt das Geschöpf der von Gott als nichtig ausgeschlossenen Möglichkeit eine Mächtigkeit. Das Böse ist die Macht des Nichtigen, des Chaotischen und Destruktiven in der Welt.

Nimmt man diese Überlegungen ernst, dann drängt sich die Frage auf, ob es neben der menschlichen Freiheit noch andere mit Freiheit begabte geschöpfliche Wesen gibt. Ist der Mensch allein der Partner und Bundesgenosse Gottes in der Welt? Dies ist keine müßige Frage. Denn kann der Mensch das Ganze der Wirklichkeit vor Gott repräsentieren und verantworten? Reicht die anthropologische Perspektive aus angesichts der Tatsache, daß der Mensch das Ganze der Wirklichkeit weder extensiv noch intensiv jemals erfassen kann? Extensiv nicht, weil er nie alles erkennen kann, was ist; intensiv nicht, weil er nichts von dem, was er erkennt, ganz als das erkennt,

---

[22] In diese Richtung geht vor allem Schellings Dämonologie. Vgl. Philosophie der Offenbarung, in: WW XIV, 241 ff, 256 ff, 279 ff. Dazu W. Kasper, Das Absolute in der Geschichte. Philosophie und Theologie der Geschichte in der Spätphilosophie Schellings, Mainz 1965, 316–326.

was es ist. Der Mensch kann also unmöglich die Verantwortung für das Ganze der Wirklichkeit übernehmen. Wenn das so ist, dann stellt sich erneut die Frage nach dem Sinn der Schöpfungswirklichkeit.
Aus solchen Fragen lassen sich selbstverständlich keine Antworten ableiten. Will man keiner Postulatentheologie verfallen, dann läßt sich die Antwort auf diese Fragen nicht spekulativ, sondern nur positiv aufgrund des Zeugnisses von Schrift und Tradition geben. Diese Fragen sind jedoch nicht willkürlich; sie ergeben sich aus dem Gesamtzusammenhang der biblischen Offenbarung. Sie legen deshalb den theologischen Horizont frei, in dem wir das Zeugnis der Schrift und der Tradition von der Wirklichkeit von Engeln und Dämonen sinnvoll diskutieren können. In dieser Perspektive erweist sich die mythische Symbolsprache, mit der wir es bei der Rede von Engeln und Dämonen zweifellos zu tun haben, als ein Potential, das wesentliche Dimensionen unserer Wirklichkeit zu erschließen vermag, ja das uns etwas Entscheidendes zu sagen hat über den Sinn der endlichen Wirklichkeit insgesamt. Es handelt sich um Aussagen von bleibender Aktualität.

IV. DIE BLEIBENDE AKTUALITÄT DER BIBLISCHEN ZEUGNISSE

Die biblischen Zeugnisse geben auf die Frage nach dem Ursprung des Bösen eine vieldimensionale Antwort. Sie sprechen sowohl von der persönlichen Sünde des Menschen wie von einer über die ganze Menschheit herrschenden Macht der Sünde wie von bösen »Mächten und Gewalten«. So sehr diese vieldimensionale Antwort letztlich ein Ganzes bildet, kann sie doch nicht auf eines dieser Antwortelemente reduziert werden. Man kann das Böse nach der Schrift weder allein auf die persönliche Sünde des Menschen noch allein auf den Einfluß böser »Mächte und Gewalten« reduzieren, ohne den biblischen Befund in schwerwiegender Weise zu verkürzen. Der Teufel bzw. die Dämonen sind also nach der Bibel nicht die einzige Antwort auf das Problem des Bösen. Sie sind jedoch eine wichtige Teilantwort. Wir haben deshalb zu fragen, was mit dieser Teilantwort sachlich gemeint ist und wie sie sich im Gesamtzeugnis der Bibel verhält.
Mit dem bisher Gesagten ist noch nichts über die tatsächliche Existenz von Engeln einerseits und von Dämonen bzw. vom Teufel andererseits ausgesagt. Vorläufig ist lediglich in doppelter Weise der Verständnishorizont eröffnet, in dem diese Frage sinnvoll verhandelt werden kann. Philosophisch ist es die Dimension menschlicher Freiheit, die letztlich im Horizont der

Frage nach dem Sinn von Sein überhaupt steht; theologisch ist es die Frage nach dem Sinn von Schöpfung, nach der eschatologischen Verherrlichung Gottes durch alle Kreatur. In dieser doppelten Perspektive haben wir jetzt die biblischen Aussagen von den Engeln bzw. vom Teufel und den Dämonen zu entfalten.

Bei diesem Versuch treten sofort eine Reihe neuer Probleme und Schwierigkeiten auf, die wir hier nur sehr summarisch charakterisieren können[23]. Der Teufels- und Dämonenglaube ist ja nichts spezifisch Biblisches; er ist ein Teil des Weltbildes, das die Bibel mit ihrer Umwelt gemeinsam hat, ein Weltbild, das wir heute gemeinhin als mythologisch bezeichnen. Dieses Weltbild war damals eine mehr oder weniger selbstverständliche Voraussetzung. Deshalb wurde die Existenz des Teufels bzw. der Dämonen auch in der Bibel wie in der späteren Tradition mehr vorausgesetzt als formell gelehrt. Entsprechend kennt die Schrift keine zusammenhängende Dämonologie, sondern lediglich recht unterschiedliche, ja teilweise widersprüchliche Traditionen, die man nicht unter Außerachtlassung ihrer geschichtlichen Entwicklung nach Art eines Puzzlespiels zu einer systematischen Dämonologie zusammensetzen darf. Besonders das Motiv vom Engelsturz ist formgeschichtlich betrachtet eine Legende, die sich erst in der zwischentestamentlichen Literatur findet und in das Neue Testament nur am Rand Eingang gefunden hat. So wird man fragen, ob diese Aussagen nicht in dem Sinn einer Entmythologisierung bedürfen, daß man sie als bildhafte Einkleidung von theologischen Sachaussagen begreift. Auf jeden Fall kann man die traditionelle theologische Auffassung vom Teufel heute nicht dadurch verteidigen, daß man nach Art der alten fundamentalistischen Konkordanzmethode eine Fülle von Schriftstellen und lehramtlichen Äußerungen über den Teufel einfach zitiert, ohne nach der literarischen Gattung, dem religionsgeschichtlichen Kontext und der Aussageabsicht dieser Texte zu fragen[24].

Diese Entmythologisierung, besser: diese Hermeneutik der biblischen Aussagen darf man sich freilich nicht zu einfach machen[25]. Eine solche Herme-

---

[23] Die meisten Argumente finden sich der Sache nach bereits in der Theologie der Aufklärung. Im Rahmen der heutigen Diskussion werden sie in modifizierter Form vor allem von H. Haag vertreten.

[24] Hier liegt eine Schwäche des Studiendokuments der römischen Kongregation für die Glaubenslehre »Christlicher Glaube und Dämonenlehre«.

[25] Bedenkenswert sind nach wie vor die Gesichtspunkte, die K. Jaspers gegen den Mythosbegriff, wie ihn vor allem R. Bultmann in der Entmythologisierungsdebatte gebrauchte, vorgebracht hat. Vgl. K. Jaspers / R. Bultmann, Die Frage der Ent-

neutik kann nicht einfach auf das simple Schema von Kern und Schale, von Form und Inhalt zurückgreifen. Beides läßt sich nie adäquat trennen. Weltbildbedingt sind deshalb nicht nur die Teufels- und Dämonenaussagen der Bibel, sondern grundsätzlich alle biblischen Aussagen, auch die Aussagen über Gott. Auch hier gibt es vielfältige außerbiblische Einflüsse. Ein grundsätzlich nicht geschichtlich bedingtes Welt-, Daseins- oder Gottesverständnis ist eine Abstraktion, die kritischer Nachprüfung wohl in keinem Fall standhalten kann. Auch unser heutiges Weltbild ist geschichtlich bedingt und begrenzt und kann nicht unkritisch zur Norm früherer Weltbilder gemacht werden. Die rationalistische Deutung der Mythen als heute überwundene frühe Stufe des Menschheitsbewußtseins einer Zeit, da man noch nicht um die wirklichen Ursachen der Dinge wußte, wird darum gegenwärtig immer mehr aufgegeben. Es stellt sich immer deutlicher heraus, daß die mythischen Symbole nicht nur die Ausdrucksform eines heute überholten primitiven Weltbildes sind, sondern eine Weise des Sprechens darstellen, die Dimensionen der Wirklichkeit erschließt, die anders als im Symbol gar nicht erfaßt werden können. Gerade in unserer zunehmend eindimensional werdenden technisch-verwalteten Welt kommt der Erinnerung an die mythische Symbolsprache eine kritisch-befreiende Funktion zu. L. Kolakowski spricht geradezu von der »Gegenwärtigkeit des Mythos«[26]. P. Ricœur leitet daraus die These ab: »Das Symbol gibt zu denken.«[27] Es ist deshalb schwerlich möglich, bei den biblischen Aussagen Zeitbedingtes und bleibend Gültiges einfach auseinanderzudividieren. Es gilt vielmehr die wirklichkeitserschließenden Potenzen der mythologischen Symbole für unsere Gegenwart zu aktualisieren.

Eine solche wirklichkeitserschließende kritische Aktualisierung der mythologischen Aussagen der Schrift über die Engel bzw. über den Teufel und die Dämonen scheint nun aber auch von der eigenen Aussageabsicht der Schrift

---

mythologisierung, München 1954. Eine gute Zusammenstellung der neueren Mythosdiskussion, die den Rahmen der damaligen Entmythologisierungsdebatte längst überschritten hat, findet sich bei F. Schupp, Mythos und Religion (Texte zur Religionswissenschaft und Theologie, Bd. 1), Düsseldorf 1976.

[26] Vgl. L. Kolakowski, Die Gegenwärtigkeit des Mythos, München ²1974. Die kritisch-befreiende Kraft der Erinnerung hat im Anschluß an Marcuse, Adorno, Habermas, Benjamin theologischerseits in letzter Zeit vor allem J. B. Metz in verschiedenen Veröffentlichungen herausgestellt. Im Blick auf unsere Frage vgl. W. Oelmüller, Zur Deutung gegenwärtiger Erfahrungen des Leidens und des Bösen, in: Concilium 11 (1975) 198–207.

[27] Vgl. P. Ricœur, Symbolik des Bösen. Phänomenologie der Schuld II, Freiburg/München 1971, 395 ff.

her möglich zu sein. Denn die Engel[28] sind nach der Schrift nicht wie für die spätere neuplatonisch bestimmte theologische Spekulation reine Geister ohne jeden Bezug zur Welt. Sie wirken auch nicht nur sporadisch von Fall zu Fall von außen und auf außernatürliche Weise auf die Welt ein. Sie werden vielmehr als »Urgründe«, »Herren«, »Mächte«, »Gewalten«, »Urelemente« dieser Welt bezeichnet und repräsentieren einzelne Bereiche der Schöpfung vor Gott. Ihre erste Aufgabe ist dementsprechend die Verherrlichung Gottes. Nicht umsonst finden sich viele Aussagen über die Engel in liturgischen Texten. Das Dreimal-Heilig von Jes 6, 3 ist bis heute nicht aus der Liturgie wegzudenken. Dieses liturgische Zeugnis wiegt schwerer als alle sonstigen lehramtlichen Aussagen. Die Engel artikulieren und realisieren also den Sinn der Schöpfung. Anders der Teufel bzw. der Satan und die Dämonen[29]. Sie repräsentieren den Widerstand und Aufstand der Welt gegen Gott und seine Ordnung und damit zugleich das menschenfeindliche Wesen vieler Wirklichkeitsbereiche. Sie verkörpern die dem Menschen vorgegebene Dimension des Bösen, die ihm zur Versuchung werden und – wenn er ihr zustimmt –

---

[28] Vgl. außer den entsprechenden Lexikonartikeln bes. E. Peterson, Das Buch von den Engeln. Stellung und Bedeutung der heiligen Engel im Kultus, München ²1955; H. Schlier, Die Engel nach dem Neuen Testament, in: ders., Besinnung auf das Neue Testament. Exeget. Aufs. u. Vorträge II, Freiburg/Basel/Wien 1964, 160–175; C. Westermann, Gottes Engel brauchen keine Flügel (Siebenstern TB 52), Berlin ²1968; M. Seemann, Die Engel, in: Mysterium Salutis, Bd. 2, Einsiedeln/Zürich/Köln 1967, 954–995 (Lit.).

[29] Vgl. die Art. Daimon, diabolos, satanas, in: ThWNT; H. Schlier, Mächte und Gewalten im Neuen Testament (Quaestiones disp., 3), Freiburg i. Br. 1958; kritischer und die gesamte neuere Literatur verarbeitend: H. Haag, Teufelsglaube, 141 bis 269, 273–388. Haags historischen Darlegungen bezüglich des AT kann ich, soweit ich dies als Nichtfachmann zu beurteilen vermag, zustimmen; kritikbedürftig sind m.E. die hermeneutischen Voraussetzungen und die sich dadurch ergebenden systematisch-theologischen Konsequenzen. Wie vor allem die Schlußüberlegungen von H. Haag (503–505) zeigen, läuft seine Lösung systematisch-theologisch einerseits auf eine Dämonisierung Gottes, andererseits auf einen sublimen Manichäismus, der das Böse in der Endlichkeit der Welt angelegt sieht, hinaus. Das heißt den Teufel durch Beelzebul austreiben! Der beachtenswerte neutestamentliche Beitrag von M. Limbeck (a.a.O. 273–388) ist in höchstem Maße kontraproduktiv gegenüber seiner eigenen Absicht. Er zeigt in eindrucksvoller Weise, in welchem Umfang die Teufels- bzw. Dämonenaussagen in den verschiedenen ntl. Traditionen verankert sind, so daß ihre Nichtbeachtung bzw. Ausscheidung in sehr grundsätzlicher Weise das Kanonproblem aufrollen würde. Man wird als Systematiker keinem Exegeten raten, in dieser Weise den Ast abzusägen, auf dem beide zusammen sitzen. Im übrigen sei auf den Beitrag von K. Kertelge in diesem Band verwiesen.

Macht über ihn und über die Welt gewinnen kann. In diesem Sinn ist der Teufel nach der Schrift der Fürst dieser Welt[30].

Diese Sicht der Bibel unterscheidet sich sehr vom neuplatonisch konzipierten hierarchischen Denken in Seinsstufen. In der Sicht der Schrift tun weder die Engel noch die Dämonen bzw. der Teufel der Unmittelbarkeit des Menschen zu Gott und der personalen Verantwortung des Menschen vor Gott und damit seiner Freiheit irgendeinen Abbruch. Denn die Schöpfungsordnung hat ihre Sinnerfüllung in der Heilsordnung. Diese aber besteht in der Geschichte Gottes mit den Menschen, die ihren Höhepunkt in Jesus Christus findet. Die Engel sind dieser Geschichte Gottes mit den Menschen als Boten Gottes lediglich dienend zugeordnet. Durch sie wird das Gesamte der Wirklichkeit in die Heilsordnung einbezogen. Entsprechendes gilt von den bösen Mächten. Sie bringen die universal-kosmische Dimension der Erlösungsbedürftigkeit und der Erlösung zum Ausdruck[31]. Geschichtlich in Gang setzen kann das Unheil nur der Mensch, indem er auf Gottes Angebot negativ antwortet. Der Mensch tut das Böse aber konkret, indem er einer vorgegebenen Macht des Bösen nachgibt, statt daß er Gott und seine Ordnung achtet.

Engel und Teufel stehen also ganz und gar nicht in der Mitte des Evangeliums, sondern eindeutig an dessen Rand. Sie stellen dessen äußersten kosmischen Horizont dar und geben dadurch dem biblischen Heilsglauben seine universal-kosmische Perspektive, eine Perspektive, die insgesamt mehr unthematischer Horizont als thematisch gemachter Inhalt ist. Es handelt sich also im eigentlichen Sinn des Wortes um Randwahrheiten. Das kann und will aber nicht besagen, daß sie mehr oder weniger gleichgültig sind und beliebig zur Disposition stehen. Man kann die Mitte nur im Hinblick auf den Rahmen und die Peripherie definieren; ohne diese Peripherie ist die Mitte selbst ein spannungsloser und ausdehnungsloser Punkt. So ist auch im Glauben nicht nur das Wichtigste wichtig. Das Wichtigste, Gottes eschatologische Heilstat in Jesus Christus, kann in seiner Universalität auf die Dauer nur durchgehalten werden, wenn der universal-kosmologische Horizont beibehalten wird. In der Frage der Engel wie der Dämonen steht, bei allem sekundären ja tertiären Charakter dieser Wahrheiten, doch Entscheidendes für das Zentrum des Glaubens auf dem Spiel. In der biblischen Rede von den Engeln wie vom Teufel bzw. von den Dämonen geht es in symbolhafter Sprache um den eschatologischen Sinn der Welt, näherhin um den universal-kosmologischen Sinn der Erlösungstat Jesu Christi.

---

30 Vgl. Joh 12, 31; 14, 30; 16, 11; außerdem 2 Kor 4, 4.
31 Vgl. 2 Thess 2, 7 (Vulgata).

V. WESEN UND UNWESEN DES BÖSEN

Die relative Bedeutung und relative Aktualität der biblischen Aussagen über die gott- und menschenfeindlichen »Mächte und Gewalten« führt zu der Frage nach einer genaueren Wesensbestimmung des Bösen. Dieser Frage können wir uns nach allem Gesagten nur mit äußerster Vorsicht und Umsicht zuwenden. Das Böse ist schon rein philosophisch kein kategorialer Gehalt unserer Erkenntnis; da sich in ihm die Frage nach dem Sinn von Sein stellt, ist es eher am transzendentalen Pol unseres Bewußtseins angesiedelt. Auch theologisch handelt es sich nicht um eine Art des Gegenstandswissens, sondern um den äußersten Horizont der zentralen Glaubensaussagen, den wir wesensgemäß nicht adäquat in sich thematisieren, sondern im Letzten nur symbolisch zur Sprache bringen können. Die »Anstrengung des Begriffs« kann hier von vornherein nicht zu handlichen Definitionen führen, sondern nur eine begriffliche Umschreibung und Hermeneutik der biblischen Symbolsprache intendieren. Symbol und Realität sind dabei kein Gegensatz; das Symbol ist vielmehr dadurch definiert, daß es Wirklichkeit erschließt. Letztlich bleibt das Böse für den Verstand ein undurchdringliches Geheimnis. Die Schrift spricht nicht umsonst vom mysterium iniquitatis[32].

Daraus folgt, daß personale Aussagen bei der Rede über das Böse theologisch zwar unverzichtbar sind; aber diese personalen Bestimmungen können nicht zum Ausgangspunkt einer Wesensbestimmung des Bösen gemacht werden, weil dadurch der Teufel bzw. die Dämonen im Grunde doch wieder als irgendwelche konkrete Gestalten vorgestellt würden[33]. Die theologisch unverzichtbaren personalen Bestimmungen müssen also in eine umfassendere Wesensbestimmung des Bösen integriert werden. Ausgangspunkt unserer

---

[32] Dieser kosmische Aspekt wird schon in sehr frühen ntl. Zeugnissen wie Phil 2, 10 f herausgestellt und vor allem in den deutero-paulinischen Schriften breit entfaltet (vgl. Eph 1, 21; Kol 1, 13. 16; 2, 10. 15; 1 Petr 3, 22). Zum Sinn der universal-kosmologischen Dimensionen der Christologie vgl. W. Kasper, Jesus der Christus, 221 ff.

[33] Der Person*begriff* bzw. der *Begriff* der Personifizierung darf in diesem Zusammenhang ohnedies nicht überschätzt werden. Der *Sache* nach kommt es auf das theologisch unverzichtbare Moment der Freiheit an, das freilich personale Strukturen einschließt. Die selbstverständlich nur analoge Anwendung des Personbegriffs auf den Teufel bzw. die Dämonen bedarf noch eingehender Klärung; dasselbe gilt für die Kategorie der Personifizierung. Im folgenden soll aufgezeigt werden, daß beide Kategorien für eine sachgemäße Deutung des Bösen notwendig sind. Weiterführende Überlegungen dazu finden sich in dem Beitrag von K. Lehmann in diesem Band.

Überlegungen kann nur die Mitte des biblischen Zeugnisses sein: Gottes universale eschatologische Heilstat in Jesus Christus. Durch sie haben sich die bösen Mächte und Gewalten endgültig als nichtig erwiesen. Die eigentliche Wesensbestimmung des Bösen gibt die Schrift deshalb, indem sie die Dämonen als Nichtse bezeichnet[34]. Entsprechend versuchen wir im folgenden die Wirklichkeit des Bösen als das vor Gott Nichtige zu deuten[35].

Diesem Verständnis des Bösen kann man von der traditionellen Philosophie und Theologie her nur teilweise näherkommen. Die traditionelle Philosophie und Theologie unterscheidet bekanntlich das absolute Nichts, das schlechterdings nichts ist, und das relative Nichts, das Nichts von etwas. Handelt es sich bei diesem Nichts um das Fehlen von etwas, das einer »Sache« an sich wesensnotwendig zukommt, dann ergibt sich der traditionelle Begriff des malum als einer privatio boni debiti (Mangel eines wesensmäßig zustehenden Guten)[36]. Doch dieser traditionelle Begriff des malum reicht jedoch kaum aus, um das Phänomen des Bösen, wie es uns bisher philosophisch wie theologisch begegnet ist, auch nur einigermaßen zu verstehen. Denn die Mächtigkeit des Bösen kann man kaum allein aus einem Mangel erklären. Man müßte dann

---

[34] Dies ergibt sich daraus, daß aus der Aussage in Ps 96, 5 und in 1 Chron 16, 26, die Götzen der Heiden seien Nichtse (elilim) (vgl. Jes 44, 9 ff), in der LXX und in der Vulgata die Aussage wird, die Götzen der Heiden seien Dämonen (vgl. Dtn 32, 17; Ps 106, 37). Daß die Dämonen wesenlose nichtige Götzen sind, wird auch durch 1 Kor 8, 4 und 10, 19 f nahegelegt. Vgl. Art. eidolon, in: ThWNT II, 374 f; H. Conzelmann, Der erste Brief an die Korinther (Krit. exeget. Kommentar), Göttingen 1969, 168 f.

[35] Damit greife ich eine Bestimmung auf, die K. Barth, Kirchl. Dogmatik III/3, 327–425, gegeben und breit ausgeführt hat. Bei allen Anregungen, die ich Barth verdanke, unterscheide ich mich doch grundlegend von seiner Position. Barth bestimmt das Nichtige als dritte Weise des Seins, weder als Gott noch als Geschöpf, sondern als reale Entsprechung zum Nichtwollen Gottes, als Kehrseite des göttlichen Erwählens und Bejahens (vgl. bes. 402 ff). Von diesem Ausgangspunkt her kann Barth bestreiten, daß Engel und Dämonen aus einer gemeinsamen Wurzel stammen (vgl. 608 ff). Gegenüber einer solchen, theologisch doch wohl unmöglichen dritten Seinsweise geht es mir eben um die durch eigene Entscheidung pervertierte Geschöpflichkeit des Bösen. Dabei bin ich mir bewußt, daß der von mir gebrauchte Begriff der Negation bzw. der Negativität noch genauerer philosophischer Klärung bedürftig ist.

[36] Vgl. Thomas von Aquin, Summa theologiae I q. 48 a. 1; Contra gentes III, 7 ff; De malo q. 1 a. 1. Zur Geschichte dieser Auffassung vgl. F. Billicsich, Das Problem des Übels in der Philosophie des Abendlandes, 3 Bde., Wien 1952–59; kritisch gegenüber der traditionellen Bestimmung des malum: L. Oeing-Hanhoff, Die Philosophie und das Phänomen des Bösen, in: Realität und Wirklichkeit des Bösen (Studien und Berichte d. kath. Akad. in Bayern, 34), Würzburg 1965, 1–30.

schon weiter fragen, wie denn der Mangel von etwas, das einer »Sache« an sich wesensnotwendig zukommt, selbst begründet ist. Beide Fragen leiten uns an, den positionellen Charakter des Bösen anzuerkennen. Noch wichtiger ist eine zweite kritische Weiterführung der traditionellen Bestimmung des Bösen. Gut und böse lassen sich theologisch nicht rein ontologisch als Mangel des Guten, sondern nur aus der Relation zu Gott, d. h. als Mangel vor Gott bzw. als Verkehrung der Relation zu Gott, bestimmen. Böse ist dasjenige mit Freiheit begabte Geschöpf, das den Sinn seines Geschöpfseins nicht anerkennt und selbst sein will wie Gott. Indem es den Sinn seines Seins gegen Gott sucht, kann es ihn nur im Nichts finden und muß darum selbst nichtig werden. Dabei meint nichtig etwas anderes als nichts. Das Böse ist nichtig, aber es ist nicht nichts.

Positiv ergibt sich eine dreifache Bestimmung des Nichtigen:

1. Das Nichtige ist die freie Negation Gottes. Es ist deshalb nicht irgendein Nichts an Sein, es ist ein höchst bestimmtes Nichts: das Nein zu Gott, das sich konkretisiert im Nein zu seinem universalen Heilswillen in Jesus Christus und in der Sünde wider den Heiligen Geist als dem konkreten Angebot des Heils in Jesus Christus. Damit ist das Nichtige das im doppelten Sinn des Wortes Eitle: das, was sich selbst übertrieben wichtig nimmt, sich aufbläht und groß macht und was sich eben dadurch als leer, hohl und nichtig erweist.

2. Die Negation des Gottseins Gottes und seines Heilsplans in Jesus Christus führt zur Privation seiner Gnade. Diese Verweigerung der Gnade führt zu einem gnadenlosen Dasein, das zu sich selbst verdammt ist, sich selbst verflucht und sich doch nicht in das reine Nichts retten kann, das sich vielmehr in der Hölle seiner eigenen Nichtigkeit verrennt und verzehrt. Das geschöpfliche Nein zu Gott hat Gottes Nein, das Gericht und den Zorn Gottes zur Folge. Die Wirklichkeit des Bösen ist also das durch Gott gerichtete Nichts, die endliche Freiheit unter dem selbstgewählten Nein des Gerichtes Gottes.

3. Aus der Bestimmung des Bösen als von Gott bestimmter Negation und Privation folgt eine weitere: das Böse als Perversion seiner selbst. Wenn nämlich das Geschöpf sein will wie Gott, dann existiert es als Geschöpf im Status totaler Verkehrung. Es verwirklicht sein Sein von Gott her und auf ihn hin in der Weise des Seins gegen Gott und ohne Gott. Das Böse ist deshalb das in sich Widersprüchliche, Perverse, Schizophrene, total Entfremdete, Absurde, in sich Desorganisierte, das Destruktive und Chaotische. Nach dem Neuen Testament besteht das Diabolische darin, Ja und Nein, Position und Negation durcheinanderzuwerfen; das Ja nicht mehr ein Ja

und das Nein nicht mehr ein Nein sein zu lassen, ist darum vom Teufel[37]. Auf die Unterscheidung von Ja und Nein ist aber die Ordnung der Welt begründet. In dem absurden und wahnwitzigen Versuch, die Negation zur Grundlage der eigenen Position zu machen, ist der Teufel der »Vater der Lüge«[38], Verzerrung und Verwirrung in Person. Er ist die unheimliche Macht des Chaos in dem von Gott geschaffenen Kosmos.

Eine solche Perversion von Position und Negation kann nur von einem mit geistiger Erkenntnis und freiem Willen begabten Wesen stammen. Beides zusammen gehört zum Wesen der Person. Die Person zeichnet sich ja vor anderen Seienden dadurch aus, daß ihr das Sein in Bewußtsein und Freiheit überantwortet ist. Allein die Person kann deshalb den Sinn ihres Seins realisieren oder pervertieren. Versteht man den Personbegriff in diesem formalen, inhaltlich nicht näher gefüllten Sinn, dann kommt man nicht umhin, die bösen Mächte und Gewalten als personal strukturierte Wesen zu charakterisieren, d. h. sie als Wesen von Intelligenz und willensmäßiger Durchsetzungskraft zu bestimmen. Bei einer solchen Charakterisierung muß man sich freilich bewußt sein, daß ein solcher formaler Personbegriff gegenüber seinem inhaltlich bestimmten Gebrauch im menschlichen Bereich auf die Engel wie auf die Dämonen nur in sehr analoger Weise Anwendung finden kann. Der Teufel ist keine personale Gestalt, sondern eine sich ins Anonyme und Antlitzlose auflösende Ungestalt, ein Wesen, das sich ins Unwesen pervertiert; er ist Person in der Weise der Unperson[39]. Er ist nicht eindeutig zu machen, sondern seinem Wesen nach zwiespältig. Man kann und darf sich deshalb vom Teufel keine konkrete Vorstellung machen. Jede konkrete Vorstellung setzt ja eine klare Unterscheidung voraus, der sich der Teufel aber gerade entzieht. Er ist deshalb personal im Modus des Zerfalls und der Auflösung des Personalen. Er ist die sich fortzeugende Destruktion seiner selbst, und zugleich die Destruktion aller kosmischen Ordnung. Dabei kann er die in der Wirklichkeit der Schöpfung ausgeschlossenen Möglichkeiten zwar entbinden und entfesseln, aber er kann ihrer nicht Herr bleiben. Sie wach-

---

[37] Zu dieser Auslegung von Mt 5, 37 vgl. E. Jüngel, Geistesgegenwart. Predigten, München 1974, 39–47.

[38] Vgl. Joh 8, 44.

[39] Vgl. dazu J. Ratzinger, Abschied vom Teufel?, in: ders., Dogma und Verkündigung, München/Freiburg 1973, 225–234, hier 233 f. Ob allerdings die von Ratzinger in diesem Zusammenhang ebenfalls eingeführte Kategorie des Zwischen ausreicht, möchte ich bezweifeln. Diese von M. Buber entlehnte Kategorie eignet sich eher zur Deutung der mit dem Begriff Erbsünde bezeichneten Wirklichkeit als zur kategorialen Bestimmung des Teufels bzw. der Dämonen.

sen ihm sozusagen über den Kopf, so daß er dasteht wie der Zauberlehrling, der die Geister, die er rief, nicht mehr bannen kann. Er steht unter dem Fluch und dem Schicksal seiner eigenen Tat. Das bedeutet: er ist nicht nur ein Er, sondern auch ein Es. Ja er ist der Inbegriff der destruktiven Es-Mächte, des Negativen und Chaotischen in der Welt. Nicht umsonst spricht die Schrift von bösen »Mächten und Gewalten«[40]. Sie deutet damit an, daß die Wirklichkeit des Bösen sowohl eine ichhafte personal strukturierte Macht wie eine eshafte Macht ist, die sich in anonymen Systemen und Prozessen wie in apersonalen Strukturen äußert.

Das Geheimnis des Bösen läßt sich also nicht auf einen einzigen Begriff bringen. Es geht dabei letztlich ja auch nicht um ontologische Spekulationen, sondern um soteriologische Aussagen. Es handelt sich nicht um Gegenstandsaussagen, sondern um Horizontaussagen für das Zentrum des christlichen Glaubens: die Botschaft von der neuen Schöpfung in Jesus Christus, durch die Gott nicht nur im Menschen, sondern im gesamten Kosmos anfanghaft wieder Friede und Versöhnung hergestellt hat. Durch diesen neuen Anfang haben sich die bösen Mächte und Gewalten endgültig als nichtig erwiesen; sie sind dem Spott und der Schande preisgegeben worden. Deshalb ist der Teufel in der Tat in gewissem Sinn eine lächerliche »Figur«. Letztlich geht es der neutestamentlichen Dämonologie also um die Begründung der christlichen Freiheit[41]. Weil die Dämonen, die sich anmaßen, Herren der Welt zu sein, von Gott her endgültig als Nichtse erwiesen sind, ist der Christ ihnen gegenüber zu nichts verpflichtet. Er ist frei von allem kosmischen Götzendienst, frei von der Beobachtung kosmisch begründeter Gebote und Verbote, frei von allen möglichen Tabuvorstellungen, frei von Angst vor dem Grauenhaften in der Welt. Diese kritisch-befreiende Funktion der christlichen Dämonenlehre ist in der Geschichte leider sehr oft in ihr glattes Gegenteil verkehrt worden. Wir haben heute allen Grund, diese kritischen Motive nach innen wie nach außen zur Geltung zu bringen. Dies führt uns zur Frage nach dem praktischen Umgang mit dem Bösen.

---

[40] Vgl. Röm 8, 38; 1 Kor 15, 24; Eph 1, 21; 3, 10; 6, 12; Kol 1, 16; 2, 10. 15.

[41] Dies geht vor allem aus den Auseinandersetzungen um die Frage des Götzenopferfleisches in Korinth hervor (vgl. 1 Kor 8, 1 ff) wie aus den großen Auseinandersetzungen um die Freiheit vom Gesetz (vgl. Gal 4, 8 ff) und aus den Auseinandersetzungen mit (wahrscheinlich) gnostischen Strömungen (vgl. Kol 2, 8 ff).

VI. DER PRAKTISCHE UMGANG MIT DEM BÖSEN

Der christliche Glaube und erst recht die Frage nach dem Bösen ist nicht nur eine theoretische, sondern noch mehr eine eminent praktische Angelegenheit. Da die Praxis im Umgang mit dem Bösen in der Vergangenheit oft erschreckend unmenschliche und unchristliche Züge angenommen hat, stellt sich abschließend die Frage, was sich aus einer theologischen Rekonstruktion der biblischen und traditionellen Aussagen an praktischen Konsequenzen ergibt. Wir beschränken uns auf drei Bemerkungen, die das Problem nicht abschließen, sondern nur nochmals von einer neuen Seite her in die rechte Perspektive rücken sollen.

1. Die Rede vom Bösen ist nur indirekt möglich. Da das Böse das in sich Absurde, Widersprüchliche und Unsinnige ist, kann es in keine systematische Ordnung gebracht werden. Eine systematische Dämonologie ist damit unmöglich. Noch mehr! Da wir das Böse als das Nichtige bestimmten, kann es prinzipiell kein Eigeninteresse beanspruchen. Der Teufel ist der Parasit schlechthin. Von ihm kann man darum nur indirekt reden als einer Art Negativ der Heilsbotschaft vom eschatologischen Sieg Gottes, als Rand und Horizont des Sprechens vom Heil der Welt. Deshalb kann man auch nicht im eigentlich theologischen Sinn des Wortes an den Teufel glauben. Der Akt des Glaubens richtet sich allein auf Gott, auf Jesus Christus und den Heiligen Geist[42]. Es gibt keinen Teufelsglauben; Teufelsglaube kann im Grunde nur Aberglaube sein. An den Teufel kann man nicht glauben, dem Teufel kann man nur widersagen. Dieser auf alte Tradition zurückgehende Sprachgebrauch bei der Taufliturgie[43] ist sachlich von größter Bedeutung. Er besagt, daß man vom Teufel nur im Modus der entschiedenen Absage reden kann. Der Macht des Negativen kann man nur durch die Negation der Negation und d. h. durch die entschiedene Position des Glaubens begegnen. Ohne diese Negation wäre die Position freilich nicht ernst. Deshalb ist die negative Redeweise vom Teufel unablösbar mit dem Taufbekenntnis verbunden. Sie ist nicht nur irgendeine theologische Theorie, sondern hat ihren »Sitz im Leben« in dem liturgischen Geschehen, in dem das Christsein und das In-der-Kirche-Sein begründet ist. Deshalb kann sie auch nicht vom christlichen und kirchlichen Glaubensbekenntnis abgelöst werden.

---

[42] Zu dieser auf Augustinus zurückgehenden Tradition vgl. J. B. Metz, Art. Credere Deum, Deo, in Deum, in: LThK III ²(1959) 86–88.

[43] Vgl. A. Stenzel, Die Taufe. Eine genetische Erklärung der Taufliturgie, Innsbruck 1958, 98–108; K. Thraede, Art. Exorzismus, in: RAC VI, 98–100.

2. Die bei der Taufe ein für allemal vollzogene Absage an die Macht des Bösen muß im Leben des getauften Christen zur bleibenden Haltung der Wachsamkeit und der Nüchternheit gegenüber dem Bösen führen[44]. Der Christ darf also am wenigsten naiv und ahnungslos sein; er muß um die Wirklichkeit des Bösen wissen und wachsam und nüchtern mit ihr rechnen. Wollte er meinen, er könne in einem gewissen Pragmatismus die Mächte des Bösen einfach übergehen, so tun, als gebe es sie nicht, und sich einfach nicht um sie kümmern, dann verriete dies angesichts des Zeugnisses der Schrift, aber auch angesichts vieler grauenvoller Erfahrungen in unserem Jahrhundert eine höchst oberflächliche bourgeoise Einstellung. Ein Verstoß gegen die christlich geforderte Nüchternheit ist aber auch jede kurzschlüssige und unerleuchtete Ineinssetzung bestimmter psychischer Phänomene (etwa Hysterie oder Schizophrenie) oder parapsychologischer Erscheinungen (Telepathie, Hellsehen, Präkognition u. a.) mit dämonischen Einwirkungen. Die christlich geforderte Nüchternheit verlangt nicht nur, jeweils alle natürliche Erklärungsmöglichkeiten, die sich aus dem neuesten Stand der profanen Wissenschaften ergeben, in Betracht zu ziehen, sondern sich darüber hinaus auch grundsätzlich bewußt zu sein, daß außernatürliche Einwirkungen natürliche Kausalitäten nicht aus-, sondern einschließen[45]. Deshalb setzt geistlicher Beistand für ein richtig informiertes Glaubensverständnis die Kunst des Arztes unabdingbar voraus. Beide Weisen der Hilfe liegen auf einer je verschiedenen Ebene und können nicht gegeneinander ausgespielt werden. Das Gegenteil anzunehmen oder gar zu praktizieren wäre nicht Zeichen von Gauben, sondern von Aberglauben, der dadurch definiert ist, daß er Gott und – in allerdings völlig anderer Weise – den Teufel in die Reihe der kategorialen Kausalitäten einordnet und damit in ihrem Wesen völlig verkennt.

Verbindet man so Wachsamkeit mit Nüchternheit, dann kann man die grundsätzliche Möglichkeit von dämonischer Besessenheit nicht von vornherein ausschließen. Man wird aber auch sagen müssen, daß es für die Feststellung, ob solche dämonische Besessenheit in einem konkreten Fall tatsächlich vorliegt, keine eindeutigen theologischen Kriterien gibt. Eine adäquate Scheidung zwischen dämonischem Einfluß und natürlichen, wenngleich u. U.

---

[44] Vgl. 1 Petr 5, 8. Wichtig ist in diesem Zusammenhang die Lehre von der Unterscheidung der Geister. Vgl. Art. Discernement des esprits, in: DThC IV, 1375–1415, bes. 1405–7; Art. Discernement des esprits, in: Dict. de Spiritualité III, 1222–1291; H. U. von Balthasar, Vorerwägungen zur Unterscheidung der Geister, in: Pneuma und Institution. Skizzen zur Theologie IV, Einsiedeln 1974, 325–339.

[45] Dies gilt in analoger Weise auch von Gottes Handeln bei den Wundern. Vgl. W. Kasper, Jesus der Christus, 104 ff.

außergewöhnlichen Phänomenen bzw. Kausalitätszusammenhängen ist theologisch schon deswegen nicht möglich, weil auch die normalen und natürlichen Abläufe in Natur und Geschichte der Dynamik gottloser Mächte des Bösen ausgesetzt sein können[46]. Die äußeren, auf außerordentliche Phänomene abhebenden Kriterien, die das Rituale Romanum von 1614 für die Feststellung dämonischer Besessenheit aufstellt[47], bedürfen deshalb dringend einer grundlegenden Revision. Hilfreicher als solche äußeren Kriterien könnten Anhaltspunkte für ein geistliches Urteil sein, wie sie Gal 5, 19–23 als »Früchte des Fleisches« bzw. als »Früchte des Geistes« aufgezählt werden. Die traditionellen Regeln zur Unterscheidung der Geister zielen in diese Richtung. Als Zeichen der Wirksamkeit Gottes gelten danach u. a.: Liebe, Friede, Freude, innere Freiheit und Gelassenheit, Geduld, Demut, Offenheit und besonders das Bekenntnis zur Wahrheit. Als Zeichen widergöttlicher Mächte können dagegen u. a. gelten: Alles eitle, hochfahrende, destruktive und frivole Wesen, Spektakel um Nichtigkeiten, Verstrittenheit und Verschlossenheit, Zwanghaftigkeit und Verlogenheit. Diese geistlichen Kriterien erlauben von ihrem Wesen her nicht, in einem konkreten Fall eindeutig und verbindlich dämonische Besessenheit anzunehmen. Sie sind vielmehr Konkretisierungen der Mahnung, immer und überall wachsam und nüchtern zu sein.

3. Das Wichtigste im praktischen Umgang mit dem Bösen ist das Gebet: »Erlöse uns von dem Bösen«[48]. Die theologische Rede vom Bösen will zu diesem Gebet anhalten und ermutigen. Denn in diesem Gebet drückt sich sowohl das unbedingte Vertrauen auf die Macht Gottes wie das Ernstnehmen der Mächte des Bösen aus. In diesem Gebet wird die Macht des Bösen konkret überwunden. In ihm schafft der Mensch Raum für Gott und seine Herrschaft, in ihm kommt der Sinn der Schöpfung zur Verwirklichung. Dadurch wird die Wirklichkeit des Bösen in den einzig sachgemäßen Zusammenhang gestellt: in den Zusammenhang der Hoffnung auf das endgültige

---

[46] Vgl. K. Rahner, Art. Besessenheit IV, in: LThK II ²(1958) 298–300.

[47] Vgl. A. Rodewyk, Art. Besessenheit III, in: a.a.O. 297 f.

[48] Die Ausleger dieser Vater-unser-Bitte (Mt 6, 13), die wohl nicht von Jesus selbst stammt, wie der Vergleich zu Lk 11, 4 nahelegt (vgl. J. Jeremias, Abba. Studien zur neutestamentlichen Theologie und Zeitgeschichte, Göttingen 1966, 169 f), sind sich nicht ganz schlüssig, ob sie den Ausdruck »vom Bösen« maskulinisch oder neutrisch verstehen sollen. Beide Auslegungen sind offensichtlich möglich. Vgl. H. Schürmann, Das Gebet des Herrn. Aus der Verkündigung Jesu erläutert, Freiburg i. Br. 1957, 99 ff; G. Baumbach, Das Verständnis des Bösen in den synoptischen Evangelien, Berlin 1963, 75 f; Art. ponerós, in: ThWNT VI, 560 f.

Offenbarwerden der Herrschaft Gottes, in der alles diabolische Durcheinander, aller Verwirrung und aller Schwindel in der Welt endgültig sein Ende haben werden.

Auf dem Hintergrund dieses »normalen« und alltäglichen Gebets aller Christen um die Erlösung von dem Bösen kann auch der Exorzismus, das feierliche und amtliche Gebet im Namen Christi und der Kirche um die Erlösung von der Macht des Teufels, wieder neu und tiefer verstanden werden. Ein solcher Exorzismus setzt ärztliche Bemühungen voraus. Auch bei einer »normalen« Krankheit wird es kein über seinen Glauben einigermaßen informierter Christ als sich ausschließende Alternative empfinden, zum Arzt zu gehen und gleichzeitig um Gesundheit zu beten. Umgekehrt entbindet das Gebet für einen notleidenden Menschen auch sonst in keinem Fall von der Pflicht zur praktischen Hilfe, soweit diese auch nur Menschen-möglich ist[49]. Außerdem soll der Exorzismus von einem ursprünglichen Ansatz her einen anderen nicht isolieren und stigmatisieren; das feierliche und amtliche Gebet der Kirche soll seinem ganzen inneren Sinn nach vielmehr die Solidarität aller Glieder der Kirche mit einem einzelnen leidenden Menschen zum Ausdruck bringen. Schließlich kann es nicht darum gehen, einem anderen vorgegebene, für den Fall von dämonischer Besessenheit als charakteristisch geltende Verhaltensmuster zu suggerieren und sie zu induzieren, wie es bei der herkömmlichen Gestalt des Exorzismus sehr oft der Fall zu sein scheint. Das amtliche Gebet um die Erlösung von der Macht des Bösen hat recht verstanden und verantwortungsvoll praktiziert vielmehr den Sinn, daß einem Menschen, die Freiheit, zu der Jesus Christus uns frei gemacht hat, von Gott geschenkt bzw. wieder geschenkt wird. Eine sachgemäße theologische Theorie des Exorzismus führt also zur Kritik an vielen Formen der herkömmlichen Praxis und zur Forderung nach deren Revision.

Der Mißbrauch hebt den Gebrauch nicht auf. In unserem Fall fordert er ihn sogar. Das feierliche und amtliche Gebet der Kirche um Erlösung von der Macht des Bösen verhindert nämlich, daß Wirklichkeitsdimensionen, die sich entgegen allen eindimensionalen Aufklärungsideologien immer wieder zu Wort melden, in den unkontrollierten Bereich von Subkulturen abgedrängt und damit endgültig dem Aberglauben preisgegeben werden oder daß der einzelne Mensch in unserer abgestumpften Kultur der Analgetica (L. Kolakowski) mit seinen Leidenserfahrungen und Problemen allein ge-

---

[49] Zu dem gerade unter diesem Gesichtspunkt tragischen »Fall« Klingenberg vgl. M. Adler u. a., Tod und Teufel in Klingenberg. Eine Dokumentation, Aschaffenburg 1977.

lassen wird. Aus diesem Grund darf auch die Theologie die überlieferten Symbole, Kategorien und Formeln zur Deutung des Bösen nicht verabschieden. Sie muß diese vielmehr im Gespräch mit den modernen Wissenschaften reflektieren und sie so in ihrer Wirklichkeit erschließenden, Hoffnung schenkenden Kraft in Erinnerung rufen. Sie hat dafür zu sorgen, daß diese Hoffnung weckende, kritisch befreiende Potenz nicht in Vergessenheit gerät oder in ihr Gegenteil verkehrt wird. Gerade in der Frage des Bösen fordert der Dienst am Menschen vom Theologen den Dienst am überlieferten Glauben.

Karl Lehmann

DER TEUFEL – EIN PERSONALES WESEN?

I

Zu den schwierigsten Fragen der neueren Diskussion um die »Existenz« des Teufels gehört das Problem seiner Seinsweise. Man hat durchaus Verständnis für eine transsubjektive Macht des Bösen in der Geschichte, bleibt aber lieber bei der neutrischen Bestimmung »das Böse« stehen. Die Dämonen und der Teufel erscheinen als »Personifikation« der Sünde. Diese Deutung hat zur Folge, daß der Teufel schließlich eine menschliche »Vorstellung« ist, die in der vulgären Alltäglichkeit, in der Dichtung und in der pastoralen Praxis eine gewisse Berechtigung haben mag, jedoch einem kritischen Denken nicht mehr haltbar erscheint. Seit der Aufklärung wird auch damit argumentiert, das Neue Testament hätte sich der herrschenden Vorstellungen bedient, darin liege jedoch eher ein Zugeständnis als eine ausdrückliche Billigung eben dieser Spekulationen[1]. Schleiermacher faßt für die evangelische Theologie schon im ersten Satz seiner Ausführungen das Ergebnis zusammen: »Die Vorstellung vom Teufel, wie sie sich unter uns ausgebildet hat, ist so haltungslos, daß man eine Überzeugung von ihrer Wahrheit niemanden zumuten kann.«[2]

Auch in der katholischen Theologie sind seit dem Ende des Zweiten Vatikanischen Konzils ähnliche Meinungen aufgetreten. H. Haag schrieb in »Abschied vom Teufel«[3]: »Es geht für uns also nicht darum, zu fragen, ob die Heilige Schrift die Wörter Satan, Teufel, böse Geister verwendet, sondern zu fragen, was sie mit diesen Wörtern meint. Wir haben schon verstanden, daß der Begriff ›Teufel‹ im Neuen Testament einfach für den Begriff ›Sünde‹ steht. Überall, wo wir ›Teufel‹ oder ›Satan‹ lesen, können wir ebenso gut ›Sünde‹ lesen.« Drei Jahre zuvor hatte der französische Dominikanertheologe Chr. Duquoc die Existenz eines personalen Teufels noch

---

[1] Vgl. dazu K. Aner, Die Theologie der Lessingzeit, Halle 1929; E. Hirsch, Geschichte der neueren evangelischen Theologie, Band I und Band IV, Gütersloh 1949/52. Vgl. auch Anm. 17.

[2] Der christliche Glaube, hg. von M. Redeker, Band I, Berlin 1960, 211 f.

[3] Erschien in der von H. Küng herausgegebenen Reihe »Theologische Meditationen« als Band 23, Einsiedeln 1969; das folgende Zitat steht auf S. 52.

schärfer in Frage gestellt[4]. Nach ihm lehnen viele den Satan ab, weil er ein Alibi wäre, um die eigene Verantwortung und mögliche Schuld abzuwälzen. »Satan« ist jene Gestalt, welche die falsche Sicherheit eingibt, mit meiner eigenen Freiheit sei alles in Ordnung. Ist es nicht einfacher, den Satan als ein Symbol zu denken, das dem Bösen seine Banalität nimmt und uns so mit dem Geheimnis jeder schlechten Tat konfrontiert? »Satan« ist ein Schlüssel für unser Selbstverständnis. Die Figur des Teufels ist Funktion und Symbol, aber nicht Person und Versucher[5].

Das Teufelsbild der christlichen Tradition ist nicht ohne Einfluß auf diese Versuche einer Entmythologisierung. Der Leibhaftige erscheint in tausend Masken und Verkleidungen: in der Gestalt eines schwarzen Kindes, eines Negers, mit der Sichel als dem Bild des Todes, mit Bockshörnern und Schwänzen. Er ist ein Chamäleon der Töne und Gesten, ein Virtuose des Rollenwechsels, ein Meister der Anpassung: Dummkopf, Kavalier, eiskalter Intrigant, dickfelliger Höllenfunktionär, rücksichtsloser Stratege, Geist des Widerspruchs, eingefleischter Zyniker, harmloser Schalk. Gerade die Vielfältigkeit seiner Masken, das Unbestimmbare seiner Erscheinung und seine Zwielichtigkeit zwischen Sein und Schein haben in gewisser Hinsicht dazu beigetragen, den Satan als »Personifikation« zu verstehen. Nicht zuletzt dadurch wurde der Teufel oft künstlerische Staffage und Theater-Requisite. Er wird – was er in der Schrift nie ist – stupid und tollpatschig. Das Verhältnis zum Menschen wird undramatisch und aktionslos. Diese Entwicklung beginnt bereits im 16. Jahrhundert[6].

Schließlich gibt es eine massive Überdetermination der sogenannten Personalität des Teufels im Zusammenhang der Phänomene dämonischer Besessenheit: Menschen werden unmittelbar von einem bösen Geist ergriffen; sie hören den Teufel reden und befehlen; Sprachrhythmus und Tonfall gleichen sich dem Teufel an; die veränderte Stimme artikuliert ein neues Ego, das einen Persönlichkeitswechsel signalisiert; das eigene Ich zerfällt. Die Wirklichkeit des Teufels erscheint in massiver Handgreiflichkeit; hinter den

---

[4] Satan – Symbol oder Person, in: Theologie der Gegenwart 9 (1966) 187–197.

[5] Vgl. die kritischen Stellungnahmen von R. Schnackenburg, ebd., 193 f, und A. Winklhofer, 194 ff.

[6] Vgl. einige Nachweise bei G. Mahal, Mephistos Metamorphosen. Fausts Partner als Repräsentant literarischer Teufelsgestaltung = Göppinger Arbeiten zur Germanistik 71, Göppingen 1972; L. Kretzenbacher, Teufelsbündner und Faustgestalten im Abendland, Klagenfurt 1968; L. Röhrich, Sage und Märchen – Erzählforschung heute, Freiburg 1976, Lit.; ders., Märchen und Wirklichkeit, Wiesbaden [3]1974, Lit.

außerordentlichen psychischen Vorgängen erblickt man überall »Dämonen« als unmittelbare Wirkursachen personaler Art. Welche Ausmaße dieser »Teufelsglaube« annehmen kann, hat jüngst wiederum der »Fall Klingenberg« gezeigt[7]. Die überraschende Wiederbelebung des Interesses für Satanskult und Schwarze Messen sowie die okkulte Welt zeigen überdies, wieviel Unaufgeklärtes unterhalb der offiziösen Grenzen unserer aufgeklärten, »säkularen« Weltbilder lebt[8].

In dieser Lage hat das kirchliche Lehramt mehrfach zur »Personalität« des Teufels Stellung genommen. Papst Paul VI. sagte am 15. November 1972: »Das Böse ist nicht mehr nur ein Mangel, sondern es ist eine wirkende Macht, ein lebendiges geistiges Wesen (una deficienza, ma un'efficienza, un essere vivo, spirituale), verderbt und verderbend, eine schreckliche Realität, geheimnisvoll und beängstigend.«[9] Das Dokument »Christlicher Glaube und Dämonologie«, eine von einem Experten im Auftrag der Kongregation für die Glaubenslehre erstellte und am 26. Juni 1975 veröffentlichte Studie[10], liegt auf derselben Linie und ruft eben diese Sätze nochmals in Erinnerung[11]. Am 11. August 1976 hat der Bischof von Würzburg eine »Erklärung zum Geschehen von Klingenberg« veröffentlicht, in der u. a. über das Verständnis der Dämonen und des Teufels festgehalten wird: »Aussagen über das Böse oder den Teufel sind (demnach) dort falsch und widerstreiten

---

[7] Vgl. Tod und Teufel in Klingenberg. Eine Dokumentation unter Mitarbeit von M. Adler u. a., Aschaffenburg 1977. Diese Sammlung extrem widersprüchlicher Äußerungen ohne eine kritische und differenzierende Gesamtstellungnahme bietet allerdings dem Leser kaum Hilfe.

[8] Vgl. G. Zacharias (Hg.), Das Böse. Dokumente und Interpretationen, München 1972; F.-W. Haack, Von Gott und der Welt verlassen. Der religiöse Untergrund in unserer Welt, Düsseldorf 1974; ders., Satan – Teufel – Lucifer, München 1975; Chr. Evans, Kulte des Irrationalen, Reinbek bei Hamburg 1976; O. Schatz (Hg.), Parapsychologie, Graz 1976.

[9] Vgl. den »Osservatore Romano« vom 16. November 1972, S. 1, und eine Übersetzung in der deutschen Ausgabe des »Osservatore Romano« vom 24. November 1972, Nr. 47, S. 1 f; vgl. den Text auch in: Herder-Korrespondenz 27 (1973) 125–127; H. Haag, Teufelsglaube. Mit Beiträgen von K. Elliger, B. Lang und M. Limbeck, Tübingen 1974, 134 ff, 506 ff (Text); E. Zenger, Kein Bedarf für den Teufel?, in: Herder-Korrespondenz 27 (1973) 128–131.

[10] Vgl. den französischen Urtext mit einer von den deutschen Bischöfen approbierten Übersetzung sowie Einleitungen von K. Kertelge und W. Breuning unter dem Titel »Christlicher Glaube und Dämonologie« = Nachkonziliare Dokumentation, Band 55, Trier 1977; vgl. auch den Kommentar von L. Scheffczyk, Christlicher Glaube und Dämonenlehre, in: Münchener Theologische Zeitschrift 16 (1975) 387–396.

[11] Vgl. Nachkonziliare Dokumentation 55, 115, auch 32.

dem Geist des Neuen Testaments und der kirchlichen Überlieferung, wo sie differenziert über das Wesen und Verhalten von Teufeln oder Dämonen zu wissen glauben; oder wo sie eine Drohbotschaft beabsichtigen, den Menschen also Schrecken einjagen, anstatt Vertrauen zu einem Gott zu wecken, der keinen ernsthaften Konkurrenten in dieser Welt haben kann.«[12]

Gewisse Spannungen in diesen Texten sind unverkennbar. Im Zusammenhang der Diskussion mit den Thesen von H. Haag und seinen Mitarbeitern sowie mit den Ereignissen von Klingenberg hat sich auch die dogmatische Theologie erneut der Frage nach der »Personalität« des Teufels zugewandt. J. Ratzinger schreibt in diesem Zusammenhang: »Wenn man fragt, ob der Teufel Person sei, so müßte man richtigerweise wohl antworten, er sei die Un-Person, die Zersetzung, der Zerfall des Personseins, und darum ist es ihm eigentümlich, daß er ohne Gesicht auftritt, daß die Unkenntlichkeit seine eigentliche Stärke ist.«[13] O. Semmelroth macht auf den komplexen Fragestand aufmerksam und zeigt, »welche Umsicht und Vorsicht man walten lassen muß in der Frage, ob das Wort vom Teufel und den Dämonen unmittelbar als Aussage über personale böse Kräfte zu verstehen ist oder mehr als personifizierte Aussage über die von den Sünden der einzelnen Menschen gezeitigte Gewalt der Sünde oder Sündhaftigkeit, wie sie vor allem Paulus im Römerbrief als über den einzelnen Menschen waltende und ihn in ihre böse Tendenz hineinziehende Gewalt darstellt. Die Frage, um die es uns hier geht, ist gar kein echtes Entweder–Oder in dem Sinn: Ist der Teufel, sind die Dämonen einzelne Personen mit freiem Willen, den sie zum Bösen betätigt haben, oder ist die Aussage vom Teufel und den Dämonen nur eine konkretisierende Darstellung, aus der wir erahnen sollen, was eigentlich gemeint ist? So einfach ist das gar nicht. Denn selbst wenn wir bestimmt sagen könnten, daß es sich beim Teufel oder den Dämonen um einzelne Personen handelt, müßten wir doch bedenken, daß diese Aussage

---

[12] Die Erklärung ist in vollem Wortlaut veröffentlicht in: Publik-Forum 5 (1976) Nr. 18, S. 14–15, Zitat S. 14. Zur Aufnahme dieses Dokumentes vgl. auch H. Haag, Rettet den Teufel, in: Süddeutsche Zeitung vom 12./13. März 1977, wo es zur Erklärung heißt: »Man darf sie gewiß nicht einfach als Kompromiß abwerten. Vielmehr ist sie als Pioniertat zu begrüßen. Denn erstmals wird hier in einem amtlichen kirchlichen Dokument eingeräumt, daß die biblischen, ja sogar die späteren kirchlichen Äußerungen über Teufel und Dämonen vom jeweiligen Weltbild abhängig seien ...« Zur Sache vgl. auch Joseph Kardinal Höffner, Teufel – Besessenheit – Exorzismus. Zwei Interviews, Sonderdruck des Presseamtes des Erzbistums Köln, Nr. 45, 3–22.

[13] Abschied vom Teufel?, in: J. Ratzinger, Dogma und Verkündigung, München 1973, 225–234, Zitat S. 233 f.

das, was eigentlich gemeint ist, nicht adäquat eindeutig und unmißverständlich aussagen würde«.[14] W. Beinert schließt sich J. Ratzinger an und sieht eine gewisse Austauschbarkeit und eine Art von unaufhebbarem Übergang zwischen dem Bösen als einem anonymen »Es« und als personaler Wirklichkeit. »Das Böse erweist sich als solches (gemeint: als ein personales Moment) immer erst dann, wenn es auf den personalen Menschen trifft. Ihn attackiert es in seiner Intimität; erliegt er diesem Angriff, dann ändert sich wieder personale Realität: der Mensch wird schuldig. So ist das Böse stets ein personales Geschehen. Aber wird man ihm gerecht, wenn man es hypostasiert? Liefert ein personaler Teufel nicht bloß das Alibi des eigenen Versagens? Sobald man aber menschliche Schuld auf ihn abwälzt, wächst das Böse. Es kommt leicht zu jenen Verteufelungen, die zu den dunkelsten Seiten menschlicher Geschichte gehören. So werden die Christen die personale Wirklichkeit des Übels sehen müssen.«[15]

Man sieht, daß die dogmatischen Äußerungen auch da, wo man den Schlußfolgerungen H. Haags entschieden widerspricht, differenzierter geworden sind[16].

Zu diesem Panorama des Denkens über den Teufel als personales Wesen gehört auch ein Blick auf die zeitgenössische Philosophie. Die Diskussion entzündet sich an der Verharmlosung des Bösen in der Aufklärung – Kant ausgenommen[17]. Hier knüpft E. Bloch an, der zwar nicht den »hypostasierten Widersacher«, aber den Sinn für das Widersacherische erneuern möchte. Die Eliminierung der »Mythologie« allein brachte keine Lösung. Wir finden keine Kategorien mehr für das Böse. »Gerade der bürgerliche Optimismus des 18. Jahrhunderts, der ja zugleich die Brechstange der Aufklärung war, hat hier eine leere Stelle hinterlassen.«[18] E. Bloch ist der Meinung, auch

---

[14] Der Teufel – Wirklichkeit unseres Glaubens?, in: Lebendiges Zeugnis 31 (1976) Heft 3, 29–41, Zitat S. 32, vgl. auch 41.

[15] Müssen Christen an den Teufel glauben?, in: Stimmen der Zeit 195 (1977) 542 bis 554, bes. 552 f, Zitat S. 553.

[16] Man kann dies am besten sehen, wenn man die verschiedenen Publikationen O. Semmelroths miteinander vergleicht: Glauben wir noch an den Teufel?, in: Geist und Leben 33 (1960) 348–359; Abschied vom Teufel?, in: Theologische Akademie 8, Frankfurt 1971, 48–69; vgl. auch die Rezension zu H. Haags »Abschied vom Teufel« in: Theologie und Philosophie 45 (1970) 308, und vor allem den oben in Anm. 14 genannten neuesten Beitrag.

[17] Vgl. dazu H. Günther, Das Problem des Bösen in der Aufklärung = Europäische Hochschulschriften Reihe XXIII, Band 43, Bern/Frankfurt 1974, Lit.

[18] E. Bloch, Aufklärung und Teufelsglaube, in: O. Schatz (Hg.), Hat die Religion Zukunft?, Graz 1971, 120–134; dieselben Gedanken finden sich in veränderter

theologisch sei viel in Vergessenheit geraten, so daß – etwa bei Karl Barth – Kategorien des Satanischen in die göttliche Sphäre hineingetragen werden (»Gott spricht sein ewiges *Nein* in die Welt«). Damit werde aber das Problem des Bösen »banalisiert«[19]. Noch schärfer packt L. Kolakowski in seinem kleinen Buch »Gespräche mit dem Teufel« zu[20]. Im »Stenogramm einer metaphysischen Pressekonferenz« Satans heißt es: »Es kommt mir nicht auf die Anerkennung meiner Existenz an; für mich ist nur das eine wichtig – daß das Werk der Vernichtung nicht stockt. Ob man an meine Existenz glaubt oder nicht, bleibt auf die Reichweite meiner Arbeit ohne Einfluß.«[21] Der furchtbare Götze der Moderne hat auch die Kirche in Bann geschlagen. Zum Unterschied zwischen sprachlicher Aussageform und mystischem Kern (Aussagegehalt) fragt der Dämon: »Wie denn, meine Herren Theologen? Was ist denn dann mit mir, wenn man fragen darf, obwohl mich, wie ich schon sagte, die Sache an sich im Grunde kalt läßt. Wo also ist der Platz des gefallenen Engels? Sollte ich am Ende nichts weiter sein als eine Sprache, eine völlig unwesentliche Zierform, die man über Nacht verändert, genauso, wie man seine Krawatten wechselt? Ist der Satan wirklich nur eine rhetorische Figur, ein modus loquendi, eine façon de parler?«[22]

Wo man dem Glauben ein modernes »design« geben möchte, wird zuallererst der Teufel geopfert. Auf dem Höhepunkt dieser »Pressekonferenz« richtet sich der Teufel an die Priester und Theologen: »Mit allen rundum habt ihr Bündnisse geschlossen, meine Herren, um auch ja Schritt halten zu können mit jenen, die euch verhöhnen, auf alles geht ihr ein – bis auf den Glauben, auf die Tradition. Ihr habt vom Teufel nur noch klägliche Reste übriggelassen, den Fluch ohne Inhalt, das Krippenspiel, oder auch den beschämenden Hauch eines entwerteten Mythos, den man so rasch wie möglich abtun sollte, die quälende Hinterlassenschaft längst verflossener Zeiten. Urvätergerümpel im neuzeitlichen Heim – das so hygienisch ist und so funktionell. Ihr nennt euch Christen? Christen, obwohl ihr keinen Teufel

---

Form auch in E. Bloch, Experimentum mundi. Frage, Kategorien des Herausbringens, Praxis = Gesamtausgabe Band 15, Frankfurt 1975, 230–238.

[19] Vgl. O. Schatz (Hg.), Hat die Religion Zukunft?, 126.

[20] Die deutsche Erstausgabe erschien unter dem Untertitel »Acht Diskurse über das Böse und zwei Stücke«, München 1968; eine Neuauflage in der »Serie Piper« enthält nur noch die »Acht Diskurse über das Böse«, München 1975; nach dieser letzten Ausgabe wird zitiert.

[21] A.a.O., 60.

[22] A.a.O., 62. Zur notwendigen Differenz von Ausdrucksweisen und Gemeintem vgl. H. Haag, Teufelsglaube, 25, 39, 275.

kennt? Gut, gut, nicht meine Sache, wirklich nicht meine Sache.«[23] Die satirisch-dialektische Redeweise Kolakowskis ist so hintergründig, daß sie nicht einfach für eine unreflektierte Restauration des Teufelsglaubens vernutzt werden darf – aber es ist nicht minder köstlich, daß H. Haag die Ironie Kolakowskis außer acht läßt und ihn für seine These in Anspruch nimmt, daß der Teufel lediglich eine Chiffre ist, unter der sich alles Böse beschreiben läßt[24].
Mit Absicht wurden diese verschiedenen Zeugnisse ausgewählt, um den gegenwärtigen Horizont der Frage nach dem Teufel als einem personalen Wesen auszuleuchten. Die Vielfalt der Stimmen ist dabei nicht nur ein Nachteil, denn sie gibt auch die Chance einer differenzierten Betrachtung.

II

Der exegetische Befund braucht hier nicht wiederholt zu werden[25]. Die Aussagen der Schrift verleihen an vielen Stellen dem Teufel »personale« Züge, d. h. er erscheint als ein geistiges Wesen, das wirkmächtig ist. Es ist jedoch unverkennbar, daß diese »Personalität« eher vorausgesetzt wird und im Hintergrund verbleibt. Sie ist nicht direkt als eigene Aussage angezielt. Der Teufel interessiert in der Schrift überhaupt nicht so sehr als eine stets eindeutig abgrenzbare und in ihrem An-sich bestimmbare Gestalt. Solche Einzelelemente sehr verschiedener Art sind durchaus gegeben, aber der Hauptakzent liegt auf der Wirksamkeit und Mächtigkeit des Bösen, wie er bzw. es in der Geschichte erfahren wird.
Dies spiegelt sich auch in den zahllosen Namen des Teufels, die zwar jeweils einzeln und für sich auf »Personalität« hinweisen, aber in ihrer Vielgestaltigkeit auch wiederum zwingen, diesen Befund zu modifizieren: Beelzebul, Beliar, der Starke, der Ankläger, der Versucher, der Verderber, der Drache, die Schlange, der Feind, der Widersacher[26]. Das Phänomen scheint nicht mit

---

[23] Vgl. L. Kolakowski, Gespräche mit dem Teufel, 64 f.
[24] Vgl. H. Haag, Teufelsglaube, 12, Anm. 2; vgl. dazu L. Kolakowski, Gespräche mit dem Teufel, 77, in der Ausgabe von 1968, die H. Haag zitiert, S. 85.
[25] Vgl. außer den Beiträgen von H. Haag / M. Limbeck zur Orientierung besonders den Beitrag von K. Kertelge, Teufel, Dämonen, Exorzismen in biblischer Sicht, in diesem Band.
[26] Vgl. dazu H. Schlier, Mächte und Gewalten im Neuen Testament = Quaestiones Disputatae 3, Freiburg 1958, 11 f; O. Böcher, Dämonenfurcht und Dämonenabwehr. Ein Beitrag zur Vorgeschichte der christlichen Taufe = BWANT 90,

einem Namen oder Begriff identifizierbar zu sein. Es ist vielmehr bei aller Bestimmtheit seines Wirkens in sich diffus, vielgestaltig und so auch widersprüchlich. Eine weitere Unterscheidung läßt sich noch feststellen: Die Dämonen oder Gewalten sind dem Satan bzw. Teufel als seine helfenden Kräfte untergeordnet (vgl. die Namen »Herrscher der Dämonen«, »Herrscher der Herrschaft der Luft«, vgl. nur Mk 3, 22 ff). Der »Satan« bildet offensichtlich in konzentrierter Form eine Art Grundmacht, die von den unzähligen Einzelmächten und Dämonen entfaltet wird.

Das Neue Testament ist, wie schon erwähnt wurde, nicht unmittelbar spekulativ an diesen bösen Wesen interessiert. Dies steht in einem Gegensatz zu vielen außerbiblischen Religionen und vor allem auch zur jüdischen Apokalyptik. Die Mächte und der Satan sind offenbar Phänomene, die allgemein menschliche Erfahrungen darstellen, diese zugleich deuten und in dieser »naturalen« Erscheinung an die Offenbarung herankommen. Die unterschiedliche Herkunft und das verschieden intensive »Einwandern« dieser Phänomene in den Offenbarungsbereich kann einige Schwierigkeiten verständlich machen, die in den Aussagen über Mächte und Teufel begegnen: Gewisse Unklarheiten in der Abgrenzung zwischen guten und bösen Mächten; verschiedene Ordnungen und Hierarchien der Mächte; schwebende Übergänge zwischen polytheistisch orientierten Aussagen und eindeutig Gott untergeordneten Strukturen; »Satan« als oberster Dämon, als »Reich des Bösen« und auch als Summenformel für Mächte und Gewalten[27]. Weil es dem Neuen Testament offensichtlich nicht auf die einzelnen Bezeichnungen ankommt und keine einheitliche Lehre entfaltet wird, ist eine eindeutige Abhebung des Teufels als »Individuum« nicht leicht. Die Namen und Begriffe scheinen bis zu einem gewissen Grad äquivalent und darum auch austauschbar zu sein. Aber gerade dies zeigt auch wiederum, daß in den verschiedenen Bezeichnungen dasselbe Phänomen gemeint ist. Man muß darum auch höchst vorsichtig sein, die biblischen Aussagen einem früheren Weltbild zuzuordnen[28]. Natürlich sind Dämonen in der heidnischen und jüdischen Umgebung nichts Unbekanntes, aber gerade ihre weltbildliche und

---

Stuttgart 1970; ders., Christus Exorcista. Dämonismus und Taufe im Neuen Testament = BWNT 96, Stuttgart 1972; ders., Das Neue Testament und die dämonischen Mächte = Stuttgarter Bibelstudien 58, Stuttgart 1973.

[27] Vgl. dazu K. Rahner, Teufel, in: Sacramentum mundi IV, Freiburg 1969, 843 bis 848, bes. 844 f.

[28] Vgl. z.B. die »Erklärung zum Geschehen von Klingenberg« (s. oben Anm. 7), a.a.O., 14: »Ein Blick auf das Weltbild der Bibel zeigt, daß sich der Mensch des biblischen Kulturraumes die Welt ohne Dämonen nicht vorstellen konnte.«

weltanschauliche Funktion als solche interessiert nicht. Mächte und Gewalten treten als besonders bedrängende Agenten des Bösen nur in der Auseinandersetzung auf, wenn Gottes Schöpfung vor den bösen Mächten geschützt werden muß. »Deshalb apperzipiert es (das NT) – wenn man so sagen kann – das Wesen der dämonischen Erscheinungen nur so weit, als es in der Erfahrung von Angriff und Abwehr aufleuchtet.«[29] Die Schrift ist also selbst schon – wenigstens indirekt – »kritisch« gegen einen selbständigen und üppig ausgefallenen Teufelsglauben. In diesem Sinne stehen viele Aussagen des Neuen Testaments im Kontext einer heilsgeschichtlichen Auseinandersetzung und tragen primär eine soteriologische Sinnspitze. Es scheint mir nicht unwesentlich zu sein, daß die schon erwähnte Ansprache Papst Pauls VI. vom 15. November 1972 gerade diese Züge des Teufels hervorhebt[30].

Von diesem Gesamtbefund her wird verständlich, warum vor allem der Exeget etwas zögert und schwankt, den Satan als »personales Wesen« oder nur als »Verkörperung« des Bösen, wie es durch das Handeln der Menschen geschichtsmächtig wird, zu interpretieren. Nachdem lange Zeit die »personale« Deutung fast selbstverständlich war, treten die Argumente für die zweite Deutung heute entschiedener hervor. In dieser Situation ist die Versuchung verlockend, den komplexen Befund mit einem Schwertstreich zugunsten des einen oder anderen Pols der Fragestellung (personale Mächte – »Chiffre« des Bösen) zu entscheiden.

Hier scheint mir auch das hermeneutische Grundproblem der Anschauungen von H. Haag und seiner Mitarbeiter zu liegen: Das biblische Material wird in eindrucksvoller Weise aufbereitet, die leitenden systematischen Gesichtspunkte der eben erwähnten Alternative sind jedoch stets anwesend und bestimmen schließlich auch das Endergebnis. Dies schlägt dann auch gelegentlich durch bei der Einzelauslegung (vgl. z. B. die äußerst knappe Behandlung der johanneischen Schriften und die Übersteigerung der Aussagen in Jud und 2 Petr). Der komplexe Befund muß jedoch möglichst lange unverkürzt analysiert und interpretiert werden.

Bevor diese Aufgabe fortgeführt werden soll, muß jedoch nach der lehramtlichen Qualifikation von Aussagen über den Teufel als ein personales Wesen gefragt werden. Unter vielen einzelnen Texten[31] ragt besonders das IV.

---

[29] H. Schlier, Mächte und Gewalten im NT, 13.

[30] Darauf hat auch W. Breuning in seiner Einleitung zur Studie »Christlicher Glaube und Dämonologie« hingewiesen (vgl. a.a.O., 36 f).

[31] Vgl. DS 286, 291, 325, 457–463, 797, 1349, 1511, 2192, 2241, 2243–2245, 2251, 3514.

Laterankonzil aus dem Jahre 1215 hervor[32]. In diesem Dokument geht es freilich nicht direkt um eine Entscheidung über die Existenz des Teufels und der Dämonen. Vielmehr richtet sich das Konzil gegen einen gnostisch-manichäischen Dualismus mittelalterlicher Sekten, der die Materie nicht als von Gott hervorgebracht erklärte. Teufel und Dämonen wurden ebenfalls als nicht von Gott geschaffene Wesen verstanden: Sie waren ungeschaffene böse Wesen oder von einem gegengöttlichen Prinzip des Bösen ins Dasein gerufen. Der primäre Zielsinn der oben genannten lehramtlichen Entscheidungen des ersten Jahrtausends und auch des IV. Laterankonzils liegt in der Verteidigung der positiven Qualität der Schöpfung: Alles Existierende ist von dem einen Gott geschaffen und deshalb gut. Das Böse entstammt nicht einem Gegengott oder einem ungeschaffenen Prinzip des Bösen schlechthin. Das Konzil spricht hier über die damaligen Gegner hinaus eine wichtige Wahrheit aus, denn eine unreflektierte Übersteigerung *des* Teufels kann eine latente dualistische Tendenz fördern, als ob der Gegenspieler auch schon eine Art von böser Gegengott wäre. Das IV. Laterankonzil formuliert also in diesem Zusammenhang, »daß Gott der eine Ursprung aller Dinge ist, der Schöpfer der sichtbaren und unsichtbaren, der geistigen und körperlichen. Er hat in seiner allmächtigen Kraft zu Anfang der Zeit in gleicher Weise beide Ordnungen der Schöpfung aus dem Nichts geschaffen, die geistige und körperliche, d. h. die Engelwelt und die irdische Welt, und dann die Menschenwelt, die gewissermaßen beide umfaßt, da sie aus Geist und Körper besteht. Denn der Teufel und die anderen bösen Geister sind von Gott ihrer Natur nach gut geschaffen, aber sie sind durch sich selbst schlecht geworden. Der Mensch jedoch sündigte auf Eingebung des Teufels«.[33]

Nun muß man zunächst einräumen, daß die Reichweite der Definition bis heute nicht mit letzter Eindeutigkeit feststeht. Zweifellos wird jeder Dua-

---

[32] Vgl. das Glaubensbekenntnis gegen die Albigenser und Katharer »Firmiter credimus ...«: DS 800; hierzu R. Foreville, Lateran I–IV = Geschichte der ökumenischen Konzilien VI, Mainz 1970, 329 ff, 400 ff.

[33] DS 800; NR[8] 295; zur Beurteilung der Dokumente vgl. H. Haag, Teufelsglaube, 129 ff; Ch. Meyer, Die lehramtlichen Verlautbarungen über Engel und Teufel, in: Concilium 11 (1975) 184–188; O. Semmelroth, Der Teufel – Wirklichkeit unseres Glaubens?, a.a.O., 39–41; W. Breuning, Einleitung zum Dokument »Christlicher Glaube und Dämonologie«, Nachkonziliare Dokumentation 55, 31 ff; L. Scheffczyk, Christlicher Glaube und Dämonenlehre, in: Münchener Theologische Zeitschrift 16 (1975) 387–396, bes. 393 f; H. Haag, Ein fragwürdiges römisches Studiendokument. Zum Thema Teufel, in: Theologische Quartalschrift 156 (1976) 28–34, bes. 32 f.

lismus im erklärten Sinne abgelehnt. Auch wenn die Aussage über den Teufel und die anderen bösen Geister sich vom Zentralgedanken abhebt und eher als Schlußfolgerung erscheint, so wird man sie jedoch kaum als nur »hypothetisch« bezeichnen können, so daß nur definiert werden sollte: Auch wenn es böse Geister gibt, sind auch sie nicht von Ewigkeit her, sondern von Gott geschaffen und durch eine freie Entscheidung der Verdammnis verfallen. Die Definition gebe[34] nur eine damals selbstverständlich vorausgesetzte Anschauung wieder. Diese wird jedoch durch die Interpretation »hypothetische Aussagen« oder »bloße Annahmen« zu sehr in ihrer Geltung eingeschränkt. Das Dokument »Christlicher Glaube und Dämonologie«, von einem Experten im Auftrag der römischen Kongregation für die Glaubenslehre erstellt, widerspricht einer solchen Auslegung entschieden: »Aufgrund der spezifischen Natur und der Form des Dokuments – sie sind die eines Glaubensbekenntnisses – hat jeder einzelne seiner Hauptpunkte in gleicher Weise dogmatische Gültigkeit.«[35]

Es bleibt zu bedenken, daß dieses Zeugnis des außerordentlichen Lehramtes im Kontext des lebendigen Glaubens der Kirche steht und auch von daher gedeutet werden muß. Darin wird aber die Macht des Bösen im Sinne des Teufels und der bösen Geister in konkreter Form anerkannt. Dies läßt sich im Blick auf die gesamte Überlieferung des Glaubens nicht leugnen. Auch das Zweite Vatikanische Konzil spricht in dieser Weise vom Teufel und von den Dämonen (vgl. z. B. Konstitution über die heilige Liturgie 6; Dekret über die Missionstätigkeit der Kirche 3, 9, 14; Konstitution über die Kirche in der Welt von heute 13, 22, 37; Konstitution über die Kirche 5, 17, 48)[36]. Das Dokument »Christlicher Glaube und Dämonologie« formuliert zusammenfassend: »Die Existenz des Satans und der Dämonen ist allerdings im Laufe der Jahrhunderte nicht ausdrücklich Gegenstand einer lehramtlichen Aussage geworden. Der Grund dafür ist, daß die Frage nie in dieser Form gestellt wurde: Die Häretiker und die Gläubigen, die sich in gleicher Weise auf die Heilige Schrift stützten, stimmten darin überein, daß sie deren Existenz und deren wichtigste unheilvolle Taten anerkannten.«[37] Dies ist eine entschiedene und klare Aussage. Aus dem konstanten

---

[34] Vgl. Ch. Meyer, Die lehramtlichen Verlautbarungen über Engel und Teufel, 185.

[35] Nachkonziliare Dokumentation 55, 93, vgl. auch 73 f; der Text erschien auch unter gleichem Titel im Christiana-Verlag, Stein am Rhein, und im Pattloch-Verlag, Aschaffenburg, 1975.

[36] Die Angaben bei H. Haag, Teufelsglaube, 133, sind also zu ergänzen.

[37] Text in: Nachkonziliare Dokumentation 55, 109 f.

und universalen Glauben der Kirche folgert das Dokument (freilich nicht ohne eine gewisse Spannung zum eben zitierten Satz!): »Im Hinblick auf die Dämonenlehre ist die Stellung der Kirche klar und fest.«[38] Diese äußere und innere Struktur der lehramtlichen Aussagen erlaubt jedoch die Feststellung, daß – unbeschadet der Verbindlichkeit der zitierten Aussagen – »für viele das, was mit der Aussage von Teufel und Dämonen gemeint ist, nicht mehr so eindeutig (ist), wie es vielleicht in früheren Jahrhunderten war«[39]. Die Frage ist erlaubt, ob und wo es in diesem »konstanten und universalen Glauben der Kirche« Vorverständnisse, Hilfskonstruktionen, Interpretamente und Randaussagen gibt, die nicht im strengen Sinne zum verbindlichen Grundgehalt der Bejahung Satans und der Dämonen gehören. Die Erklärung »Christlicher Glaube und Dämonologie« macht übrigens an mehreren Stellen unter Verwendung vieler Zeugnisse darauf aufmerksam, daß die Kirche in den verschiedenen Zeiten immer wieder problematische Formen des Aberglaubens, insofern er mit der Satansgestalt gekoppelt war, abgelehnt hat[40].

Das Dokument zieht unter Verwendung des Papstwortes aus der Ansprache vom 15. November 1972 allerdings eine klare Grenze, wo nämlich nach seiner Meinung der Ernst der Wirklichkeit des Bösen nicht mehr ausreichend gewahrt werden kann: »Wer sich weigert, diese Realität anzuerkennen, verläßt den Boden der biblischen und kirchlichen Lehre; ebenso auch der, der sie als ein in sich stehendes Prinzip betrachtet, das im Unterschied zu allen Geschöpfen nicht in Gott seinen Ursprung hätte, oder der sogar erklärt, sie sei eine Pseudo-Realität, eine begriffliche und eingebildete Personifizierung der unbekannten Ursachen unseres ganzen Elends.«[41] Dem Theologen bleibt freilich weiterhin die Aufgabe gestellt, ausdrücklicher und genauer zu erklären, was denn gemeint sein kann, wenn der Satan und die Dämonen »personale Wesen« genannt werden.

---

38 Vgl. a.a.O., 109; vgl. auch den behutsamen, kritischen Kommentar von W. Breuning, 32–37.

39 O. Semmelroth, Der Teufel – Wirklichkeit unseres Glaubens?, 41.

40 Vgl. in dem Dokument nur die Anmerkungen 1, 64, 122 und vor allem S. 113 die Aussage im Text selbst.

41 A.a.O., 111, im Urtext lautet der letzte Satz »oppure la spiega come una pseudo-realtà, una personificazione concettuale e fantastica delle cause ignote dei nostri malanni.«

III

Bei der Antwort auf die Frage, ob der Teufel existiere, spielt das Problem eine Rolle, was der Satan zur Klärung der Ursprungsfrage des Bösen beitrage. Wenn der Teufel, wie für H. Haag und M. Limbeck[42], ein anderes Wort für Sünde oder eine bloße Personifikation des Bösen ist, dann ist diese Frage schon erledigt. Wenn damit vor allem die Summe der einzelnen überkommenen Anschauungen vom Teufel in seinen konkreten Gestaltungsformen gemeint ist, kann man einer solchen Aussage zunächst auch zustimmen. Auch neuere dogmatische Überlegungen scheinen tendenziell einer solchen Deutung beizupflichten, daß nämlich die Frage nach einem personalen Wesen »Teufel« nicht allzuviel für die Klärung der Herkunft des Bösen in der menschlichen Geschichte beiträgt[43].

Es wäre jedoch sicher vereinfacht, der Schrift und der kirchlichen Überlieferung entnehmen zu wollen, das Phänomen »Satan« solle einfach und schlechthin das Geheimnis des Bösen »erklären«. Hier gab es immer eine Vielzahl von Teilantworten und Einzelelementen, die zwar zusammengehören, aber nicht miteinander verwechselt werden dürfen: Kreatürlichkeit als Möglichkeitsbedingung von Fehlbarkeit und Mangel, »Erbsünde« als Urverfehlung, Schwäche, Versuchlichkeit und Versuchung, die Macht der »Sünde« im Sinne des heiligen Paulus, die persönliche Sünde – und schließlich auch Teufel und Dämonen. Wie wenig hier die Tradition auf einen einfachen Nenner zu bringen ist, zeigt z. B. ein bekanntes Wort von Johannes Chrysostomus: »Nicht vom Teufel, sondern von der eigenen Nachlässigkeit der Menschen kommen alle ihre Niederlagen und alles Unglück, über das sie sich beklagen.«[44] Die Kategorie »Teufel« darf nicht funktional überlastet werden, wenn man das »Mysterium iniquitatis« deuten will. Auf Thomas von Aquin ist später noch zurückzukommen.

Der Stellenwert des Satans und der Dämonen in der Frage nach dem Ursprung des Bösen wird jedoch erst einsichtig, wenn die ontologische Grundkonstruktion der Wirklichkeit überhaupt und des Bösen im besonderen betrachtet wird. Da W. Kasper in seinem obigen Beitrag »Das theologische Problem des Bösen« dieser Sache ausführlicher nachgegangen ist, darf es hier

---

[42] Vgl. H. Haag, Abschied vom Teufel, 52; ders., Teufelsglaube, 23, 40, 73, 386 ff, 503 ff u. ö.

[43] Vgl. z. B. W. Breuning, in: Nachkonziliare Dokumentation 55, 27, 37; W. Beinert, Müssen Christen an den Teufel glauben?, 550–553.

[44] Vgl. De diabolo tentatore, homilia II: PG 49, 259, zitiert auch im Dokument »Christlicher Glaube und Dämonologie«, 113.

bei einer knappen Übersicht bleiben. Letztlich gibt es wohl nur drei Grundmodelle für eine Ursprungsdeutung des Bösen:

1. *Der Dualismus*: Das Böse ist von Uranfang an ein mit Gott gleichursprüngliches, wenn freilich nicht immer gleichrangiges Prinzip, das zumeist mit ihm im Streit liegt. Durch diesen Gegengott wird die Einheit der Wirklichkeit gesprengt. Weitere Dualismen hängen damit zusammen (z. B. im Bereich von Geist–Materie und Leib–Seele). Dieses Modell scheidet für den christlichen Glauben als Erklärungsmöglichkeit aus.

2. *Formen des Monismus*: Der eine Urgrund der Welt ist auch der verantwortliche Ursprung des Bösen. Gott will wenigstens so das Böse, daß es seinen Zielen dient. Ein solches Modell, das in sehr reflektierten Gestalten auftreten kann, ist für den christlichen Glauben ebenso unannehmbar, weil letztlich der Unterschied von Gut und Böse relativiert wird. Außerdem wird das Gottesbild verdunkelt: Gott hüllt sich durch ein dialektisches Maskenspiel in ein gleichzeitiges Ja und Nein.

Es ist bekannt, daß das philosophische Identitätsdenken von J. Böhme bis Schelling und Hegel von einem solchen Entwurf – gelegentlich vermischt mit dualistischen Anflügen – fasziniert bleibt. Theologisch wird es besonders relevant in K. Barths Lehre vom »Nichtigen«, ohne daß diese hier eigens entfaltet werden kann[45]. In reiner Form wird dieses Modell freilich nicht vertreten. Spurenelemente einer solchen Sicht werden gelegentlich auch bei H. Haag sichtbar, so z. B., wenn er im Anschluß an Teilhard de Chardin das Böse und die Sünde als »die unvermeidliche Schattenseite des Gelingens« beschreibt[46].

3. *Ursprung aus freier Entscheidung des endlichen Geistes:* Klammert man das sogenannte metaphysische Übel (= geschöpfliche Endlichkeit) und das physische Übel (= Krankheit, Schmerz, Tod, Häßlichkeit) vorläufig aus, so kann das ethisch-moralische Übel, welches in der Entscheidung des Willens

---

[45] Vgl. dazu K. Barth, Die kirchliche Dogmatik, III/3, Zürich 1959, ²1961, § 50, § 51; dazu K. Lüthi, Gott und das Böse. Eine biblisch-theologische und systematische These zur Lehre vom Bösen, entworfen in Auseinandersetzung mit Schelling und Barth = Studien zur Dogmengeschichte und systematischen Theologie, Zürich/Stuttgart 1961; W. Krötke, Sünde und Nichtiges bei Karl Barth = Theologische Arbeiten XXX, Berlin 1971, 37 ff. Auch P. Tillich wäre zu nennen.

[46] Teufelsglaube, 504. Das Teilhard-Zitat ist entnommen A. Haas, Teilhard de Chardin-Lexikon. Grundbegriffe – Erläuterungen – Texte, Bd. 2 = Herderbücherei 408, Freiburg 1971, 354 (dort weitere Texte). Vgl. auch Ph. Kaiser, Der Teufel und die Wirklichkeit des Bösen, in: Herder-Korrespondenz 29 (1975) 36 bis 38.

gegen das sittlich Gute beruht, nur aus der freien Wahl geistig-personaler Wesen verstanden werden.
Wer das Geheimnis des Bösen klären will, muß sich fragen, wie er seine Deutung im Gesamtkontext dieser Grundmodelle einordnet und versteht. Auch wenn es zwischen diesen Typen gewisse Kontaktstellen gibt, so ist die Trennschärfe zwischen ihnen dennoch unübersehbar. Wird es für den christlichen Glauben so leicht sein, den Teufel im Kontext der Ursprungsfrage nach dem Bösen zu eliminieren, ohne daß dies Konsequenzen für das Grundverständnis des Bösen hat? Das Böse kann sicher nicht durch bloße Zurückführung auf den Teufel erklärt werden. Aber angesichts der fundamentalen ontologischen Fragen ist auch die Sicherheit einer These frappant, die behauptet: »Aber der Teufel ist für die Erklärung des Bösen in der Welt nicht nur unbrauchbar, er ist auch unnötig.«[47]
Die heutige Diskussion über die Existenz und die Personalität des Teufels setzt auf weite Strecken hin relativ unreflektiert voraus, der Träger einer freien Entscheidung des endlichen Geistes zum Bösen hin wäre allein der Mensch. Aufgrund einer solchen Voraussetzung erscheint der Teufel als »Personifikation« oder als »Hypostasierung« des Bösen. Hier ist eine ganze Dimension der traditionellen Lehre vom Teufel ausgefallen, nämlich die Zuordnung des Teufels zu den rein geistigen endlichen Wesen. Diese für die Tradition – von der gegenwärtigen Sicht aus – zu selbstverständliche Perspektive wird heute weithin einfach übergangen oder schamhaft verschwiegen. Was aber steckt hinter der klassischen Auffassung? Wenn der Ursprung des Bösen nicht in einer Aufteilung oder Reduktion der Seinsbereiche in schlechthin Gutes und Böses zu suchen ist, sondern in der freien Entscheidung geistig-personaler Wesen, so muß dies nicht heißen, dies sei allein der freie Wille des Menschen. Die christliche Lehre vom Ursprung des Bösen geht von der Überzeugung aus, daß die Unheilssituation zwar durch kreatürliche Freiheit konstituiert wird, der Widerspruch zu Gott aber der menschlichen Freiheitsgeschichte vorausliegt. Die Schöpfung ist weiter und umfassender als der Mensch. Darum geht auch der Widerspruch gegen Gott von mehreren Trägern kreatürlicher Wirklichkeit aus. Die menschliche Vernunft stellt nicht einfach den Inbegriff des endlichen Geistes dar. Darum setzt das traditionelle Verständnis des Teufels die Angelologie voraus[48]. Mag uns die philosophisch-theologische Reflexion über das Wesen der Engel in manchem

[47] H. Haag, Teufelsglaube, 504.
[48] Dies wird noch evident bei A. Winklhofer, Traktat über den Teufel, Frankfurt 1961, 17 ff.

Schwierigkeiten bereiten, ihre Konzeption setzt jedenfalls entschieden mehr gedankliche Strenge und ontologisches Differenzierungsvermögen voraus als z.B. die meist ungeklärten Begriffe »Personifikation«, »Chiffre« und »Hypostasierung«.

Die anthropologische Reflexion über den Ursprung des Bösen kommt nämlich auch von sich her bald an einer Grenze[49]. Dies wird bei jenem Denker am deutlichsten, der innerhalb der neuzeitlichen Reflexion wohl am entschiedensten der Frage nach der Herkunft des Bösen nachgegangen ist: Kant. Auch er ist überzeugt, daß das Böse nicht den bloßen Schranken der menschlichen Natur, sondern der moralischen Entscheidung entspringt. Das Böse entstammt einem aus der Erfahrung geschöpften Hang, der selber unerklärbar ist[50]. Es gehört nicht zwingend zum Menschen, böse zu sein. Das Böse ist in diesem Sinne »zufällig«. An dieser Stelle kommt Kant sogar auf die Rolle des Teufels zu sprechen: »Diese Unbegreiflichkeit, zusamt der näheren Bestimmung der Bösartigkeit unserer Gattung drückt die Schrift in der Geschichtserzählung dadurch aus, daß sie das Böse, zwar im Weltanfang, doch noch nicht im Menschen, sondern in einem *Geiste* von ursprünglich erhabener Bestimmung voranschickt; wodurch also der *erste* Anfang alles Bösen überhaupt als für uns unbegreiflich (denn woher bei jenem Geist das Böse?), der Mensch aber nur als *durch Verführung* ins

---

[49] Vgl. dazu B. Welte, Über das Böse. Eine thomistische Untersuchung = Quaestiones disputatae 6, Freiburg 1959; G. Siewerth, Die Freiheit und das Gute, Freiburg 1959; ders. (Hg.), Thomas von Aquin. Die menschliche Willensfreiheit, Düsseldorf 1954; K. Forster (Hg.), Realität und Wirksamkeit des Bösen. Studien und Berichte der katholischen Akademie in Bayern 34, Würzburg 1965; P. Ricœur, Die Fehlbarkeit des Menschen. Phänomenologie der Schuld I, Freiburg/München 1971; ders., Symbolik des Bösen. Phänomenologie der Schuld II, Freiburg/München 1971; K. Riesenhuber, Die Transzendenz der Freiheit zum Guten. Der Wille in der Anthropologie und Metaphysik des Thomas von Aquin = Pullacher Philosophische Forschungen VIII, München 1971; H. Weinrich (Hg.), Positionen der Negativität = Poetik und Hermeneutik VI, München 1975; H. Beck, Deutung des Bösen. Eine philosophiegeschichtliche und geschichtsphilosophische Erörterung, in: J. de Vries / W. Brugger (Hg.), Der Mensch vor dem Anspruch der Wahrheit und der Freiheit. Festgabe, Johannes B. Lotz SJ zum 70. Geburtstag am 2. August 1973 gewidmet, Frankfurt 1973, 135–150 (umfassende Literatur); W. Oelmüller, Das Böse, in: Handbuch philosophischer Grundbegriffe I, München 1973, 255–268.

[50] Vgl. K. Loewith, Vorträge und Abhandlungen zur Kritik der christlichen Überlieferung, Stuttgart 1966, 178–197; W. Oelmüller, Die unbefriedigte Aufklärung, Frankfurt 1969, 159–162, 227–239; F. Kaulbach, Immanuel Kant, Berlin 1969, 256–265; J. Schwartländer, Der Mensch ist Person, Stuttgart 1968, 219–233.

Böse gefallen, also *nicht von Grund aus* (selbst der ersten Anlage zum Guten nach) verderbt, sondern als noch einer Besserung fähig im Gegensatz mit einem verführenden *Geiste*, d. i. einem solchen Wesen, dem die Versuchung des Fleisches nicht zur Milderung seiner Schuld angerechnet werden kann, vorgestellt, und so dem ersteren, der bei einem verderbten Herzen doch immer noch einen guten Willen hat, Hoffnung einer Wiederkehr zu dem Guten, von dem er abgewichen ist, übrig gelassen wird.«[51]
Der menschliche Geist kann also von sich gar nicht den Abgrund des Bösen ausloten. »Ist mit dem Phänomen der menschlichen Sünde der Bereich der sündigen *Möglichkeiten* erschöpft?«[52] Da der Mensch ein geist-leibliches Wesen ist, ist auch die Sünde in ihm nicht »vollkommen«. Der reine Trotz und der reine Hochmut sind für den Menschen nicht leicht möglich. »Unsere Sünde aber ist, dank unserer Geistleiblichkeit, immer eine Mischung von Trotz und Schwachheit, von Geistigkeit und sinnlicher Versuchlichkeit.«[53] Je mehr ein endliches Wesen Geist ist, um so größer ist auch die Möglichkeit des Sichverfehlens. Der geistig Hochbegabte, nicht der unterentwickelte Triebtäter kann maximal sündigen. »Aber auch er erreicht nicht das denkbare Maximum, denn auch er ist noch mit der Schwachheit der leiblichen, sinnlichen Konstitution behaftet. Reine Sünde, Sünde, die nur Trotz, ohne Schwachheit wäre, könnte nur ein reiner Geist, ein durch keine leiblichen Schranken gehemmter Geist hervorbringen.«[54] So ist die Sünde des Menschen, der versucht wird, von einer anderen Struktur als die spontane, selbstgefundene Sünde des reinen Geistes. »Der Mensch aber ist zu wenig Geist, um die Sünde zu erfinden. Er ist zu wenig genial, um selbst, als erster, diese Möglichkeit zu denken ... Sein Maß der Genialität reicht auch im höchsten Falle dazu nicht aus.«[55] Der Mensch kann die volle und uneingeschränkte Verantwortung für das Böse gar nicht allein tragen. Er muß in seiner kreatürlichen Armut zunächst einmal zugeben, daß nicht er die Sünde erfunden hat, sondern daß er versucht werden kann und versuchlich bleiben muß, um sündigen zu können. In aller Knappheit sagt das IV. Laterankonzil: »Der Mensch aber sündigte auf Eingebung (suggestione) des Teufels.«[56] Innozenz XI. erläutert diese Aussage in dem Sinne, daß die

[51] Die Religion innerhalb der Grenzen der bloßen Vernunft = Werke in sechs Bänden, hg. von W. Weischedel, Bd. IV, Wiesbaden 1956, 693 f.
[52] Vgl. E. Brunner, Dogmatik II: Die christliche Lehre von Schöpfung und Erlösung, Zürich/Stuttgart 1960, 152.
[53] A.a.O., 153.
[54] Ebd.
[55] Ebd.
[56] DS 800, NR[8] 295.

Macht des Satans die menschliche Verantwortung nicht aufhebt[57]. In ähnlicher Weise kann Thomas sagen, daß nicht alle Sünden unter direktem Einfluß Satans begangen werden. Der Mensch kann auch durch sich selbst in Sünde verfallen[58].

IV

Wenn wir nun genauer fragen, was »Personalität« für einen reinen Geist bedeutet, dürfen wir nicht ohne weiteres von der menschlichen Personerfahrung ausgehen. »Person« ist in Anwendung auf Gott, die reinen Intelligenzen und auf den Menschen in der klassischen Philosophie und Theologie ein sehr weitgespannter und analoger Begriff. Dies bringt erhebliche Differenzen, denn zum Personsein des Menschen gehört z. B. *wesentlich* die Leiblichkeit – so sehr, daß Thomas z. B. der »abgeschiedenen Seele« (anima separata) das Personsein abspricht[59]. Soweit ich sehe (vgl. Genaueres unten für Thomas von Aquin), wird der Personbegriff sowohl in der klassischen Tradition als auch in den dogmatischen Handbüchern (und in den lehramtlichen Äußerungen!) nur zögernd für die Bezeichnung der Seinsweise reiner Intelligenzen verwendet[60].

Nun kann kein Zweifel bestehen, daß gemäß der scholastischen Definition von Person, nach der diese eine individuelle selbständige Geistsubstanz ist (Boëthius: »Persona est naturae rationalis individua substantia«), auch ein reiner Geist »persona« ist. Aber damit ist noch nicht sehr viel gesagt, da ihr spezifisches Personsein geklärt werden muß. Was damit zunächst gemeint ist, wird auch von der Schrift her bestätigt. Die Beinamen und bestimmte Funktionen Satans (Ankläger, Versucher, Widersacher, Verderber) weisen

---

[57] Vgl. dazu DS 2241, 2247–2249, 2251; darauf macht aufmerksam W. Beinert, Müssen Christen an den Teufel glauben?, 554, Anm. 10.

[58] Vgl. S. th. I, 114, 3, c. und ad 4; Quaest. disp. de malo 1, 3 c.; 3,3–6 u. ö.; die spezifisch menschliche Gestalt des Bösen ist gut herausgearbeitet in P. Ricœurs Hauptwerk »Finitude et culpabilité« (vgl. oben Anm. 49), deutsche Übersetzung: Symbolik des Bösen. Phänomenologie der Schuld II, 288 ff.

[59] Vgl. dazu S. th. I, 29, 1, ad 5; 75, 4, ad 2; II–II, 83, 11 ad 5; dazu W. Kluxen, Anima separata und Personsein bei Thomas von Aquin, in: W. P. Eckert (Hg.), Thomas von Aquino. Interpretation und Rezeption = Walberberger Studien, Philos. Reihe 5, Mainz 1974, 96–116.

[60] Es wäre eine eigene Aufgabe, einmal genauer der Frage nachzugehen, wann und in welchem Sinne die Kategorie »Person« intensiver zur Beschreibung des geistigen Seins von Engeln und Dämonen zum Zug kommt.

darauf hin, daß die Mächte und Gewalten »als ansprechende und ansprechbare Wesen von Intelligenz und Wille erfahren werden, daß sie als ein intentionales, rationales und voluntatives Gegenüber begegnen«[61]. Ähnlich faßt auch K. Barth zusammen: »Das Nichtige ist die Lüge! Als solche existiert es, hat es so etwas wie Substanz und Person, Vitalität und Spontaneität, Gestalt, Macht und Tendenz.«[62] Ein gemeinsamer Zug zwischen der klassischen Lehre von den reinen Geistern und den Schriftaussagen wird auch darin sichtbar, daß reine Geister nicht Individuen im Sinne der menschlichen Personerfahrung sind. Jeder reine Geist ist für sich eine eigene »Art« (species)[63]. Die reinen Intelligenzen sind *als* »Formen« (formae) Individuen, so daß es keine zwei Individuen derselben Form gibt. Damit wird aber praktisch der Begriff »Individuum« gesprengt. Dies trifft sich wiederum ganz gut mit Schriftaussagen, denn H. Schlier setzt seine oben angeführte Charakteristik unmittelbar weiter mit der Kennzeichnung: »Dabei begegnen sie (die Mächte und Gewalten) nicht immer als Individuen, sondern auch als Exemplare einer Gattung. Der Dämon ... ist im Sinn des Neuen Testamentes ein Exemplar des Dämonischen ... Einer ist hier viele und umgekehrt. ... Dadurch verraten sich die Mächte und Gewalten als Vertreter eines Kollektivs.«[64]
Thomas von Aquin hält zwei Elemente des Personseins für die reinen Geister fest, nämlich ihre geistige Natur und ihr wirkliches Sein. Aber es ist von äußerster Bedeutung, daß der spätere Thomas nie von der »Personalität« der Geister spricht, obgleich Engel und Dämonen von ihm so oft und so gründlich behandelt werden. Offensichtlich liegt der Hauptgrund für diesen Wandel darin, »daß die Person ohne Individualität nicht zu denken war, Thomas einerseits aber die Geister als reine Formen, als Individuationsprinzip anderseits die Materie bezeichnete«[65]. Vielleicht hat ihn auch noch die anders orientierte Verwendung des trinitarischen Personbegriffs zurückhaltender gemacht. Auch wenn Thomas gelegentlich Individualität im rein geistigen Bereich bejaht, so sucht er gewöhnlich »den Begriff Individuum und vor allem den Begriff Individuation für die Geister zu umgehen«[66]. Nicht alle mittelalterlichen Denker vor und mit Thomas schließen

---

[61] H. Schlier, Mächte und Gewalten im Neuen Testament, 17.
[62] Die kirchliche Dogmatik III/3, 618.
[63] Vgl. Thomas von Aquin, Quaest. de spiritualibus creaturis, art. 8.
[64] Mächte und Gewalten, 17 f, unter Verweis auf Mk 5,1 ff und Eph 6,12.
[65] R. Rast, Geist und Geschöpf. Studien zur Seinslehre der reingeistigen Wesen im Mittelalter. Früh- und Hochscholastik, Luzern 1945, 54, Anm. 2.
[66] R. Rast, Geist und Geschöpf, 57.

sich dieser Sprechweise an: »Individualität bei den Geistern nimmt als erster Wilhelm von Auvergne an. Für Alexander, Albert und Bonaventura ist mit Person auch Individuum gegeben«[67], obgleich diese Theologen damit wieder recht verschiedene Interpretationen verbinden[68].

Dieser kleine Exkurs kann natürlich nicht für solche Positionen in Anspruch genommen werden, die dem Teufel die Existenz und auch seine (freilich gar nicht genauer reflektierte) »Personalität« absprechen. Er zeigt aber sowohl in Richtung einer solchen Bestreitung als auch im Blick auf eine undifferenzierte Behauptung der »Personalität« böser Geister, daß die wirklich »traditionelle« Lehre vom Teufel von einer inneren Differenziertheit und auch von einem hohen Problembewußtsein zeugt, von der man offensichtlich keine Ahnung mehr hat! Die Angelologie[69] ist dabei keine obskure scholastische Spekulation, denn in ihr erscheint der Vollbegriff des endlichen Geistes, was nachweislich das Verständnis menschlicher, verleiblichter Geistlichkeit erhellt[70].

Besonders durchdacht ist der Freiheitsbegriff reiner Geister. Sie besitzen ihre Vernunft vollständig durchsichtig. Wegen dieser Vernunftstruktur entscheiden sie nicht durch Beratschlagen, Zögern, diskursives Hin und Her. Sie entscheiden nach Art der reinen Intelligenzen: im Augenblick, aus völliger Erkenntnis, endgültig und unwiderruflich[71]. Dies ist auch der Grund, warum für die reinen Geister die Verhärtung und Verstockung nicht primär eine Strafe Gottes darstellt, sondern dies folgt »ex conditione naturae status«[72]. Diese Endgültigkeit des Wollens bedeutet jedoch nicht unbewegliche und tote Starrheit, sondern eine ständige und höchst erfüllte Tätigkeit. Gerade hier muß die Tradition, obgleich ursprünglich eher an einer Ontologie nicht-geistigen Seins orientiert, »reine Subjektivität« denken, was besonders aufschlußreich gezeigt werden kann an dem von Thomas zitierten Satz des Johannes Damascenus: »Was für die Engel der Fall (und allgemein die erste Entscheidung) ist, das ist für die Menschen der Tod.«[73]

---

[67] A.a.O., 55.

[68] Vgl. ebd.

[69] Vgl. dazu K. Rahner, Angelologie, in: Sacramentum mundi I, 146–154.

[70] Vgl. dazu L. Oeing-Hanhoff, Zur thomistischen Freiheitslehre, in: Scholastik 31 (1956) 161–181, bes. 172; J. B. Metz, Christliche Anthropozentrik. Über die Denkform des Thomas von Aquin, München 1962, 65, Anm. 44; W. Kluxen, Philosophische Ethik bei Thomas von Aquin = Walberberger Studien, Philos. Reihe 2, Mainz 1964, XXIX, 176–179.

[71] Vgl. L. Oeing-Hahnhoff, Zur thomistischen Freiheitslehre, 168 ff.

[72] Thomas von Aquin, S. th. I, 64, 2.

[73] S. theol. I, 64, 2; vgl. L. Oeing-Hanhoff, a.a.O., 168 ff, 174 ff.

Sind dies schon wichtige Hinweise aus der klassischen Tradition, wie man die »Personalität« des Teufels angehen muß, so bekommt eine zusätzliche Überlegung zum Personverständnis noch größeres Gewicht. Fragt man heute nach der »Personalität« des Teufels, so schwingen nämlich mehrere Bedeutungsdimensionen von »Person« mit, die im allgemeinen kaum unterschieden werden. Formal besagt »Personalität«, wie oben schon gezeigt wurde, die Ausstattung kreatürlicher Wesen mit Kräften der Erkenntnis und des Willens. Darüber hinaus enthält Personalität in unserer heutigen, vor allem vom »Personalismus« her geprägten Sprache die Momente der Ich-Du-Beziehung, der Begegnung, des Dialogs, der Kommunikation und der Verantwortung. Hier orientiert sich der Begriff der Person in Richtung des Wortes »persönlich« und weckt entsprechende Assoziationen. »Wie dieses Wort ›persönlich‹ im täglichen Umgang gebraucht wird, hat es etwas von dem liebenden und verantwortlichen, nie neutralen Anspruch der echten Begegnung an sich.«[74] Dieser Wortsinn von Person[75] hat in den letzten Jahrzehnten so sehr, wenn auch zumeist unthematisch und eher verborgen, den Sprachgebrauch von »Personalität/personal« eingefärbt, daß der klassische Bedeutungsgehalt des Begriffes »persona«[76] kaum mehr vernommen wird. Dies schafft nicht nur Verstehensschwierigkeiten in Christologie und Trinitätslehre[77], wo sie sogar explizit reflektiert werden, sondern noch mehr

---

[74] J. Böckenhoff, Die Begegnungsphilosophie. Ihre Geschichte – ihre Aspekte, Freiburg/München 1970, 401 ff (dort weitere Belege).

[75] Vgl. dazu auch M. Müller, Erfahrung und Geschichte. Grundzüge einer Philosophie der Freiheit als transzendentale Erfahrung, Freiburg/München 1971, 83 ff; M. Theunissen, Skeptische Betrachtungen über den anthropologischen Personbegriff, in: H. Rombach (Hg.), Die Frage nach dem Menschen. Aufriß einer philosophischen Anthropologie. Festschrift für Max Müller zum 60. Geburtstag, Freiburg/München 1966, 461–490; M. Nédoncelle, Explorations personnalistes, Paris 1970, 41 ff, 79 ff, 147 ff, 251 ff, 263 ff; B. Casper, Das dialogische Denken, Freiburg 1967; H.-H. Schrey, Dialogisches Denken = Erträge der Forschung 1, Darmstadt 1970; B. Langemeyer, Der dialogische Personalismus in der evangelischen und katholischen Theologie der Gegenwart, Paderborn 1963; R. Benjamin, Notion de personne et personnalisme chrétien, Paris 1971, 11 ff, 17 ff.

[76] Vgl. außer der soeben genannten Literatur als Einführung: Thomas von Aquino, Das Geheimnis der Person. Übersetzt und erläutert von A. Hufnagel, Stuttgart 1949.

[77] Vgl. dazu K. Rahner, Der dreifaltige Gott als transzendenter Urgrund der Heilsgeschichte, in: Mysterium Salutis II, Einsiedeln 1967, 317–401, bes. 364 ff; 385 ff; zur Herkunft des Personbegriffs vgl. auch J. Ratzinger, Zum Personverständnis in der Theologie, in: ders., Dogma und Verkündigung, München/Freiburg 1973, 205 bis 223; C. Andresen, Zur Entstehung und Geschichte des trinitarischen Personbegriffs, in: Zeitschrift für neutestamentliche Wissenschaft 52 (1961) 1–38.

in der Anwendung auf reine Intelligenzen und ganz besonders auf den Teufel.

Es bedarf keiner langen Erörterung, daß von »Personalität« des Teufels zunächst nur in dem Sinne die Rede sein kann, daß er als geistige Natur mit Kräften der Erkenntnis und des Willens ausgestattet ist. »Personalität« ist also in einem sehr formalen, strukturell und inhaltlich noch wenig gefüllten Bedeutungssinn verstanden. Nimmt man diesen Begriff von »Personalität« ernst, dann muß man ihn nämlich mit folgenden primären Merkmalen näher bestimmen:

1. Wenn auch der Satan ein mit den Fähigkeiten der Erkenntnis und des Wollens begabtes Wesen ist, so dienen seine Erkenntnis nicht der Wahrheit und sein Wille nicht dem Guten. Darum nennt ihn die johanneische Theologie den »Vater der Lüge« und den »Mörder von Anfang an« (Joh 8, 44)[78]. Dies hat zur Konsequenz, daß sein geistiges Tun zutiefst vom Willen zur Destruktion geprägt ist. Am rein geistigen Wesen des Teufels wird sichtbar, daß das Böse nicht nur Privation und Mangel des positiv geschuldeten Guten ist, sondern daß im Widerspruch eine wirkliche Setzung gegen das Gute erfolgt (»der Widersacher«). Darum ist der Teufel nicht nur etwas Böses, sondern er ist »böse«. Böse ist er nämlich nicht nur im Verhältnis zu anderen, sondern auch in bezug auf sich selbst: in sich gekehrt, verschlossen, verstockt. Er ist dies jedoch nicht von seinem geschaffenen Wesen her, vielmehr durch freie Entscheidung[79]. Er verkehrt also sein ursprüngliches Wesen in das Gegenteil und verspielt seine Freiheit, so daß sich in ihm das Böse in einer Weise steigert, wie sie sich im kreatürlichen Bereich und überhaupt sonst nicht mehr denken läßt. »Die Perversion des Dämons ist am meisten dem Guten entgegengesetzt: ›corruptio optimi pessima‹.«[80] So kann man auch verstehen, wenn L. Kolakowski in bewußter oder unbewußter Anknüpfung an die theologische Tradition die Aufgabe des Satans folgen-

[78] Vgl. dazu jetzt I. de la Potterie, La vérité dans saint Jean, vol. II = Analecta Biblica 74, Rome 1977, 906–954, auch Register S. 1073.

[79] Die Frage nach dem »Fall« und dem »Sturz« der Engel kann hier nicht eigens behandelt werden. Der oben dargestellte Freiheitsbegriff für reine Intelligenzen macht aber deutlich, daß die spontane, voll bewußte und endgültige Entscheidung zum Bösen, womit reine Geister sich gegen ihr Wesen kehren, den intelligiblen Gehalt des »Engelssturzes« ausmacht, so viele mythische Elemente darin auch konzentriert sind. Hier müssen die Materialien völlig neu gelesen werden (vgl. z. B. die methodischen Hilfen P. Ricœurs). Vgl. auch E. Castelli (Hg.), Le mythe de la peine, Paris 1967.

[80] W. Kluxen, Philosophische Ethik bei Thomas von Aquin, 178 mit Anm. 59.

dermaßen umschreibt: »Haß ist mehr als Streben nach Vernichtung: Wie die Liebe schließt er eine Art von Unendlichkeit ein, die Unersättlichkeit. Er strebt nicht einfach nach Zerstörung, sondern nach nie aufhörendem Leiden, gleicht also dem Begehren, zum Teufel zu werden, und das Wesen des Teufels besteht darin, nie Sättigung im Zerstörungswerk erreichen zu können.«[81]

2. Es gehört zum Wesen der Macht der Finsternis, daß sie sich nicht offenbart, obgleich sie sich manifestiert. Ihre wahre Kraft kann sie nur im Dunkeln entfalten. Zum Teufel gehört das Sichverbergen und die Verweigerung jeder Identifikation. Darin ruht die eigentümliche Unfaßlichkeit des Bösen: eins im Wesen und doch vielgestaltig in der Erscheinung, »nichtig« und gewaltig zerstörerisch, »personal« und dennoch unerkennbar. Und weil es nicht das schlechthin Böse gibt, fasziniert der Satan durch die Kunst der Verkleidung und der Camouflage. Nicht umsonst nennt ihn die Schrift (2 Kor 11, 14) einen »Engel des Lichts«. Aber »Lucifer« wirft ein trügerisches, gleißnerisches Irr-Licht.

So wirkt er zwar als geistiges Wesen in höchster Aktivität seiner zerstörerischen Kräfte, aber er ist das pure Gegenteil dessen, was das moderne Personverständnis »personal« nennt. Wenn »Person« in diesem Sinne Ich-Du-Beziehung, dialogische Relation, Kommunikation, Verantwortung und schließlich sogar Liebe besagt, dann ist der Teufel geradezu die Negation von »Person«. E. Brunner formulierte es prägnant: »Er wirkt auf eine unpersönliche, ja auf eine geradezu personauflösende Weise und macht sich gerade dadurch in seiner eigenen Personheit ungreifbar. Er liebt es, den Menschen in Masse zu verwandeln, d. h. in jenen Zustand zu versetzen, wo das persönliche Bewußtsein und damit die persönliche Verantwortlichkeit aufhört, wo der Mensch nicht mehr Ich, sondern nur noch psychisches Es ist. Er liebt die Besinnungslosigkeit der Menschen und haßt es, wenn die Menschen zur Besinnung kommen. Er liebt die Stummheit und haßt die Rede, denn Rede ist das bevorzugte Mittel der Personoffenbarung. Verschlossenheit gehört zu allen Phänomenen des Dämonisch-Satanischen.«[82]

Auf derselben Linie liegt es, wenn J. Ratzinger formuliert: »Wenn man fragt, ob der Teufel Person sei, so müßte man richtigerweise wohl antworten, er sei die Un-Person, die Zersetzung, der Zerfall des Personseins,

---

[81] L. Kolakowski, Erziehung zum Haß, Erziehung zur Würde, in: L. Kolakowski, Ansprachen anläßlich der Verleihung des Friedensnobelpreises des deutschen Buchhandels, Frankfurt 1977, 46.

[82] E. Brunner, Dogmatik II, 158.

und darum ist es ihm eigentümlich, daß er ohne Gesicht auftritt, daß die Unkenntlichkeit seine eigentliche Stärke ist.«[83]

3. Diese Grundzüge weisen zugleich darauf hin, daß das »Personsein« des Teufels kollektive, verhüllende, bewußt täuschende und besonders anonyme Eigenschaften aufweist. Darum kann man auch sagen, daß sich – wenn man den modernen Personbegriff verwendet – im Wesen des Teuflischen ausgesprochen »a-personale« Strukturen zeigen. So kommt es auch zu einem Übergewicht des Dinglichen und der »Es«-Strukturen. In ihnen kommt das Unheimliche und Unfaßbare, das Antlitzlose und Verborgene des Satanischen besonders zum Ausdruck. Darum ist es nicht nur eine philologische Unklarheit, sondern es ist tief im Sein des Teufels begründet, wenn wir in der Schrift nicht immer genau unterscheiden können, ob »der Böse« oder »das Böse« zu übersetzen ist: Die fließenden Übergänge liegen in der eigentümlich zweideutigen Wesensform Satans.

Von dieser Erfahrung her kann man auch leichter begreifen, warum der heutige Mensch bei seinem Personverständnis im Teufel eher ein apersonales Wesen oder eine »Personifikation« des Bösen sieht. In der Ablehnung des »Personalen« möchte er gerade die vollkommene Perversion authentischer Personalität im modernen Sinne festhalten und sichern. Hier liegt wohl auch ein Grund, warum sich viele mit einer Deutung begnügen, die in der Teufelsgestalt nur die Chiffre für ein transsubjektiv Böses sehen, theologisch nicht unähnlich dem, was Paulus »*die* Sünde« nennt (vgl. den Beitrag von K. Kertelge in diesem Band).

Der heutige Mensch erfährt das Teuflische und das Satanische auch weniger in weltgeschichtlich bestimmenden »Persönlichkeiten« (wie z. B. in Hitler), sondern erblickt das Satanische in anonymen Prozessen der Vernichtung, in »bösen Systemen«, Todeswaffen usw. Es hängt wohl auch mit dieser Erfahrung zusammen, daß die Wirklichkeit des Teufels an »Personalität« verloren hat und sich eher andere Interpretamente aufdrängen, z. B. die Evidenz des Stichwortes »Auschwitz« für eine in der Geschichte vorweggenommene Hölle[84].

---

[83] Abschied vom Teufel?, in: Dogma und Verkündigung, 233; ders., Der Stärkere und der Starke, zum Problem der Mächte des Bösen in der Sicht des christlichen Glaubens, in: Tod und Teufel in Klingenberg (vgl. oben Anm. 7) 84–101.

[84] Vgl. z. B. H. J. Heinz, Negative Dialektik und Versöhnung bei Theodor W. Adorno, Diss. theol., Freiburg i. Br. 1975, 97 ff. – Die Erfahrung des Dämonischen und die Erkenntnis Satans enthalten und spiegeln eine außermenschliche Macht des Bösen, die in ihrem Sein und in ihrer Wesensbestimmung nicht von der menschlichen Erkenntnis konstituiert wird. Damit wird nicht ausgeschlossen, daß in

4. So wird auch das »widersprüchliche« Wesen des Teufels im ganzen erklärbar: Da das Böse das Nichtige ist und niemand nur das Böse als solches anstrebt, muß er als Engel des Lichtes erscheinen, Doppelgesichter annehmen und eine Verführerrolle spielen. Dasselbe gilt für seine Vieldeutigkeit und Wandlungsfähigkeit, die Virtuosität des Rollenwechsels und das Maskenspiel. Auch hier wird man an den Grundsinn von »persona« erinnert, der sprachgeschichtlich und sachlich ursprünglich etwas mit »Maske« zu tun hat[85], so daß sich in der Frage nach dem »Wesen« des Teufels zugleich die ganze Begriffs- und Problemgeschichte von »Person« spiegelt.

Muß man sich aber jetzt nicht fragen, ob man aufgrund des Gesagten den Sprachgebrauch »personales Wesen« nicht eher fallenlassen soll? Man muß sich nochmals erinnern, daß der Teufel trotz abgründiger Bosheit ein Geschöpf Gottes bleibt, das ursprünglich gut geschaffen ist und nicht von Anfang an schlecht ist. Auch der Teufel ist eine Kreatur, die eine geschaffene Wesensgüte bewahren und auch in seiner Natur vollziehen muß, um böse sein zu können[86]. Auch darum ist die Verwendung von »personal« im klassischen Sinne des Wortes nicht ganz verzichtbar. Aber für die Deutung des Ursprungs des Bösen wird dieses »personale« Element auch noch aus einem anderen Grund notwendig: Die Wirklichkeit ist nicht von ihrem Schöpfungsursprung her alteriert und destruiert. Die personale Struktur des Bösen verhindert nämlich auch eine naturalistische Interpretation des Bösen und eine unangemessene Übersteigerung seiner Wirklichkeit. Weil die Realität des Bösen ihren Ursprung in der Freiheit kreatürlicher Wesen hat, wird es

---

die »Wirk-lichkeit« des erkannten Teufels Ängste und Erfahrungen, Projektionen und Abwehrhaltungen eingehen, die geschichtlich-gesellschaftlich geprägt sind und eine bestimmte Konfiguration des Teufelsbildes miterzeugen. Soweit ich sehe, gibt es jedoch dafür noch kaum zuverlässige Untersuchungen.

[85] Dazu E. Theunissen, Skeptische Betrachtungen ... (vgl. oben Anm. 75), 480 ff (vgl. auch die dort genannte Literatur).

[86] Dies ist wenig beachtet, wenn Hegel meint, das Böse *als solches*, wie z. B. Neid, Feigheit und Niederträchtigkeit, sei darum auch für die Kunst wenig relevant, weil es undialektisch »widrig« bleibe. Daraus folgert er nämlich: »Der Teufel für sich ist deshalb eine schlechte, ästhetisch unbrauchbare Figur; denn er ist nichts als die Lüge in sich selbst und deshalb eine höchst prosaische Person« (G. W. F. Hegel, Ästhetik, Berlin 1955, 239). Wenn Hegel sagt, der Teufel sei »ohne affirmative Selbständigkeit und Halt« (ebd.), so muß dies im obigen Sinn differenziert werden. Seiner Beurteilung von Klopstocks Teufelsgestalten wird man jedoch zustimmen (vgl. a.a.O., 968). Aus dem wirklich widersacherischen Wesen Satans folgt durchaus seine dramatische Rolle.

– wenigstens als moralisches Übel – innerhalb der Schöpfungs- und Erlösungsordnung begrenzt. Und gerade dies wehrt einer Mythisierung des Bösen und aller dämonischen Kräfte. Die personale Deutung ist also trotz gegenteiligen Anscheins keine mythische Zumutung, sondern die plausibelste und die am meisten rationale Antwort.

Unsere Deutung wird auf eine ganz unerwartete Weise nochmals durch die thomanische Darlegung der Seinsweise der reinen Geister bestätigt. Der Gedankengang ist nicht einfach und kann hier nur in einer höchst konzentrierten Kurzform wiedergegeben werden. Fehlbar ist nur ein Wesen, das sein eigentliches Ziel noch nicht erreicht hat, sondern durch sein Tun erst noch erlangen muß[87]. Die reinen Geister hätten das Ziel, das ihren »natürlichen« Fähigkeiten entspricht, sofort und ohne Irrtumsmöglichkeit erreicht. In einem solchen Zustand (»in statu naturae purae«) gäbe es für den Engel nicht die Möglichkeit zum Bösen und zur Sünde[88]. Gott hat aber auch die reinen Geister zur Teilnahme an seinem übernatürlichen Leben gerufen. Diese besitzen sie nicht aus ihrer Natur heraus, sondern es muß ihnen durch die personale Zuwendung des sich und seine Liebe offenbarenden Gottes frei angeboten werden. Der Gott der Gnade kann aber auf Ablehnung stoßen. Indem Gott die endlichen Geister mit seinem Ruf anspricht, werden sie in eine personale Beziehung zu Gott gestellt, die ihrer Freiheit vorausliegt. Die Schrift und die Glaubensüberlieferung der Kirche setzen ein solches faktisches Versagen voraus.

Wie steht es nun aber hier mit der Anwendung des Personbegriffs? »Da der reine Geist *in statu naturae purae* naturhaft, sofort und unfehlbar seine Vollendung erreichte, diese also nicht in einer freien und fehlbaren Vollendung eines personalen Verhältnisses fände, wäre er nach dem wohl berechtigten modernen Verständnis dieses Wortes keine Person. Dann aber muß man auch sagen, daß der reine endliche Geist nicht durch seine Natur und seine Erschaffung, sondern erst durch das Offenbarungswort Gottes, mit dem er zur Teilnahme am personalen Leben Gottes gerufen wird, Person ist. Daraus aber ergibt sich für unser Problem, daß das Böse in seiner Wurzel das Verfehlen einer personalen Beziehung ist.«[89] Die Gemeinschaft mit Gott konstituiert also letztlich den vollen Sinn von »Personalität«. Die

---

[87] Vgl. dazu B. Welte, Über das Böse, 15 ff, 25 ff.

[88] Vgl. die oben in Anm. 70 genannte Literatur und außerdem L. Oeing-Hanhoff, Die Philosophie und das Phänomen des Bösen, in: Realität und Wirksamkeit des Bösen (vgl. oben Anm. 49) 58 ff.

[89] L. Oeing-Hanhoff, Die Philosophie und das Phänomen des Bösen, 60 f.

bloß natürliche Vollendung ist für den reinen Geist »keineswegs beglükkende Erfüllung, sondern ein Zustand in Schuld, Mangel und quälendem Übel«[90]. In ihrer Freiheit versagen sich der Teufel und die Dämonen der letzten personalen Vollendung. Also kann man sie auch nicht im modernen Sinne »Personen« nennen. Zuletzt »erklärt« freilich auch der Teufel nach thomanischem Verständnis nicht schlechthin das Böse. »Das tatsächliche Sich-Versagen endlicher Personen, ein hochmütiges oder träges Sich-Begnügen mit sich selbst und der eigenen Endlichkeit, das Gott im Abzielen auf ihr wahres Glück nie will, aber um ihrer Freiheit willen zulassen muß, ist nicht weiter zu begründen. Sein Grund ist der Abgrund der Freiheit.«[91]
Bewußt werden diese Ausführungen an den Schluß gesetzt. Sie gehen auf philosophische Untersuchungen zurück, die längst vor jedem Streit um Existenz und Personalität des Teufels geführt worden sind. Es lohnt sich, die Argumente auch heute noch zur Kenntnis zu nehmen. Dies bedeutet nicht, daß alle Theologoumena der klassischen Angelologie und Dämonologie heute erneuert werden könnten[92]. Der systematische Theologe wird hier von der Schrift lernen: Sie deutet mehr an, als daß sie lehrt; ihre Andeutungen bleiben bei aller Konkretheit in Einzelheiten im ganzen so unbestimmt, daß sich aus ihnen keine »Dämonologie« ergibt[93].
Vielleicht haben wir schon zu viel gesagt von dem, was der Teufel »ist«. Indessen sollte nur gezeigt werden, daß das Problem nicht mit vulgären Aufklärer-Tricks gelöst werden kann und daß die große philosophisch-theologische Tradition in dieser Frage keineswegs so naiv ist, wie ihr unterstellt wird.

Es gibt nicht nur eine Ideologiekritik des Satanischen, weil fromme und unfromme Übertreibungen die Macht des Teufels übersteigern. Das Verdrängen teuflischer Realität mahnt auch zu einer Entlarvung der Verharmlosungen. Wenn man dies nicht gerne von Theologen und gar noch von

---

90 L. Oeing-Hanhoff, Zur thomistischen Freiheitslehre, 171.
91 L. Oeing-Hanhoff, Die Philosophie und das Phänomen des Bösen, 64, vgl. auch bes. Thomas von Aquin, Quaest. disp. de malo 1, 3; dazu W. Kluxen, Philosophische Ethik bei Thomas von Aquin, 215: »Der letzte Ursprung des Bösen ist nicht mehr aufzulichten; in seiner Negativität herrschen – wie Thomas mit einem Augustinus-Zitat sagt – Dunkel und Schweigen.«
92 Einer besonderen Untersuchung bedarf im Anschluß an den Beitrag von J. Mischo in diesem Band der ganze Fragenkomplex »Besessenheit – Exorzismus«, vgl. nur die Anmerkungen von K. Rahner, Besessenheit und Exorzismus, in: Stimmen der Zeit 194 (1976) 721–722.
93 Zu den Gefahren einer »Dämonologie« vgl. auch K. Barth, Die kirchliche Dogmatik III/3, 612 f, 621.

Dogmatikern hören will, so kann vielleicht L. Kolakowski eine Besinnung einleiten: »Sie sehen Grausamkeiten, die niemandem nutzen, ziellose, freudlose Zerstörungswut, und kommen nicht darauf, daß es der Teufel sein könnte. Es stehen ihnen alle Erklärungen zur Verfügung und sämtliche Namen, die zur Lösung jeder einzelnen Spielart des Problems vonnöten sind ... [Es werden Freud, Jaspers, Nietzsche und die Psychologen genannt] ... Durchsucht nur sorgfältig eure Gewissen, ihr Christen, eure Gedanken, ihr Gottlosen, grabt nur ein wenig unter dem wohlgepflegten Rasen eurer gelehrten Rede, eurer Metaphysik und Psychologie, schaufelt die Erde beiseite, kehrt zu euch selbst zurück, gebt dem Wort für einen kurzen Moment seine ursprüngliche Bedeutung wieder, seine strenge und unpathetische Geste, verharrt in der längst verlorengegangenen Wortwörtlichkeit. Versucht es einmal, euch beim alltäglichen Anblick wenigstens einen Augenblick lang zu konzentrieren, selbst wenn es nur ein Bild ist, das – wie es scheint – von der Zerrlinse philosophischer Redeweise verunstaltet ist. Es wird genügen, um *mich* zu erblicken. Ihr werdet *mich* sehen, ohne jedes Erstaunen, und werdet glauben, ihr hättet mich von jeher gekannt, entgegen all euren Doktrinen; das Antlitz, das euch erscheinen wird, wird bekannt sein, alltäglich, obwohl ihr es doch zum allerersten Male seht. Es wird euch der vertraute, kühle Hauch einer Kraft umwehen, der ihr nur ungern gedenkt, obwohl doch tief auf dem Grund eurer Gehirne, übertönt von metaphysischem Gebrüll, ins Nichts gestoßen und zertreten, das Wissen um sie unzerstörbar weiterglimmt.«[94]

---

[94] Gespräche mit dem Teufel, 66 f.

Johannes Mischo

»DÄMONISCHE BESESSENHEIT«

Zur Psychologie irrationaler Reaktionen

Es ist erstaunlich festzustellen, wie sehr das Stichwort »dämonische Besessenheit« – bis vor wenigen Jahren Thema lediglich gelehrter wissenschaftlicher Abhandlungen (die nicht selten in Bibliotheken verstaubten) – jetzt zu einem Reizwort für die Massenmedien und die breite Öffentlichkeit geworden ist.

Worin liegt die Ursache für eine derartige Reaktion?

Ist es der Teufel, der um die Jahrhundertwende von der empirischen Wissenschaft totgesagt, im Zuge einer »Okkultwelle« eine unliebsame Auferstehung feiert? Ist das allgemeine Interesse lediglich Produkt von Meinungsmachern an einem exotischen Überbleibsel, das zu zwiespältigen Haltungen herausfordert? Sollen Filme, Bücher, Artikel in der Boulevardpresse über sogenannte Teufelsaustreibungen ein Horror-Programm ablösen? Oder steht dahinter das Bestreben, eine an ihrer eigenen Zivilisation erkrankte Gesellschaft mit der Nase in ein Stück unbewältigter Vergangenheit zu stoßen? Behindern Religionen den Fortschritt unserer Erkenntnis durch Beharren auf überlieferten Vorstellungen, die nicht mehr unserem Weltbild entsprechen? Schlägt das Pendel der Entmythologisierung nach seiner Gegenseite aus? Ist es der Teufel, der ein- oder ausfährt bei den Besessenen, Teufel, die es nach der Entmythologisierung nicht mehr gibt? Oder doch? Erkennen wir mit unserer vordergründigen Weltauffassung nicht mehr die dahinterliegenden Realitäten?

Das sind die Fragen, mit denen ich immer wieder bei Vorträgen konfrontiert wurde.

Mir scheint, daß ein Auseinanderklaffen zwischen der Definition des Begriffes der »dämonischen Besessenheit« und dem Sachverhalt selbst zwiespältig vorstrukturierten Mißverständnissen Vorschub leistet. Die bis heute andauernde Konfrontation mit dem »Unheimlichen« wird aus einer unbewältigten Vergangenheit immer wieder neu genährt. Eine vordergründige rationalistische Aufklärung sieht sich angesichts eines sehr komplizierten psychodynamischen Zusammenspiels immer wieder vor die Behauptung gestellt: Der Teufel wirkt auch heute noch, und die Besessenheit ist eine

seiner Eingangspforten. Hinzu kommen zuweilen kirchliche Verlautbarungen und quasitheologische Veröffentlichungen, die einen Forscher auf diesem Bereich unangenehm berühren und von Laien als schlicht anachronistisch bezeichnet werden.
Sichtet man auch nur in etwa die Bandbreite theologischer Aussagen zum Thema Besessenheit in den letzten Jahrzehnten, so bleibt dem unvoreingenommenen Leser nicht verborgen, daß ein Dreigestirn von Teufelsglauben – »der« oder »das Böse«, die Realität einer »dämonischen« Besessenheit und als nachfolgende Therapiemaßnahme der Exorzismus – die Gemüter in der Auseinandersetzung erhitzt.
Als Exponenten einer traditionalistischen Auffassung nenne ich nur Rodewyk[1], Balducci[2], van Dam[3] und Koch[4] – auch wenn sie, je nach Konfession, unterschiedliche Akzente setzen. Mittelpositionen werden in nuancenreichen Varianten angeboten: aus dem Teufel wird der Böse (als personales Wesen) oder das Böse (als prinzipienähnliches Konstrukt). Von der Entmythologisierung herkommend, lassen sich die Aussagen von Bultmann[5] und Haag[6] als der traditionellen Haltung entgegengesetzte Stellungnahmen einordnen.
Nach der Ansprache von Papst Paul VI. am 15. 11. 1972 über die furchtbare, geheimnisvolle Wirklichkeit des Teufels in unserer Welt zog der Osservatore Romano[7] als Presseorgan des Vatikans nach. Unter Berufung auf den heiligen Johannes Chrysostomos steht in der Einleitung zu lesen: »Es ist für uns kein Vergnügen, zu euch über den Teufel zu sprechen. Doch die Lehraussagen, zu denen er Anlaß gibt, werden euch von Nutzen sein.« Und gegen Ende dieser Verlautbarung liest man: »Es ist gewiß, daß die Wirklichkeit der Dämonen, die konkret durch das bezeugt wird, was wir das Geheimnis des Bösen nennen, auch heute noch ein Rätsel bleibt, das das christliche Leben umgibt.«[8]

---

[1] A. Rodewyk, Die dämonische Besessenheit in der Sicht des Rituale Romanum, Aschaffenburg 1963; ders., Dämonische Besessenheit heute — Tatsachen und Deutungen, Aschaffenburg 1966.
[2] C. Balducci, Priester, Magier, Psychopathen, Aschaffenburg 1976.
[3] W. C. van Dam, Dämonen und Besessene, Aschaffenburg 1970.
[4] K. Koch, Seelsorge und Okkultismus, Berghausen 1957.
[5] R. Bultmann, Neues Testament und Mythologie, in: Kerygma und Mythos, Hrsg. H. W. Bartsch, Hamburg 1948.
[6] H. Haag, Abschied vom Teufel, Einsiedeln ^{4}1973; ders., Teufelsglaube, Tübingen 1974.
[7] L'Osservatore Romano, 1975. Französische Wochenendausgabe Nr. 27 und 28.
[8] Nr. 28, 10.

Mir scheint es wichtig, die oben angesprochene Triade auseinanderzunehmen. Der Teufelsglaube – mit seinen unterschiedlichen Positionen – gehört in den Bereich der Theologie. Mögen Theologen sich dazu äußern.

Die »dämonische« Besessenheit ist ein eigenständiger Fragenkomplex. Im Zuge einer Wissenschaftsentwicklung und einer sich anbahnenden interdisziplinären Zusammenarbeit finde ich es unangemessen, die »dämonische« Besessenheit als Aufhänger für den Teufelsglauben einzusetzen. Man darf aber nicht übersehen, daß trotz der geringen Anzahl der Fälle diesem Thema eine Angelfunktion zukommt: Für ein wenig durchdachtes Glaubensverständnis liegt hier eine »Drehtür«, durch die der Teufel sich handgreiflich und anschaulich Einlaß verschafft und durch die er auch wieder herausgetrieben werden kann – mit Hilfe des Exorzismus.

Die Frage, ob der Exorzismus heute eine angemessene Behandlungsmethode darstellt, welche Probleme dabei eine Rolle spielen, ergibt sich aus einer kritischen Diskussion der »dämonischen« Besessenheit.

Diese dreifache Gliederung mag simplifizierend wirken, aber es geht mir darum, eine erste Orientierungsmarke zu setzen, die eine nachfolgende Auseinandersetzung mit der Sache strukturieren hilft.

Die erste Fragestellung stellt Weichen für weitergehende Entscheidungen. Folgeerscheinungen ergeben sich zwangsläufig bezüglich der Beurteilung des Phänomens der »dämonischen« Besessenheit und seiner Therapie. Das gilt sowohl für Laien wie für Theologen.

Besonders angesprochen sind aber Theologen, weil sie infolge ihrer Handlungskompetenz bei konkreten seelsorgerischen Fällen wie einer »Theoriebildung« eine Multiplikatorenstellung haben.

I. FRAGEN ÜBER DEN TEUFEL

Im Rahmen eines umfangreichen Forschungsprojektes haben 1974 Hammers und Rosin erste Ergebnisse einer Repräsentativumfrage bei westdeutschen Theologen beider Konfessionen zu »Fragen über den Teufel«[9] veröffentlicht. Aus der Vielzahl der Befragungsitems habe ich als Modell nur sechs ausgewählt, von denen die drei ersten »theorieorientiert« sind, während die restlichen für das seelsorgerliche Handeln relevant sein dürften (vgl. Tab. 1).

---

[9] A. J. Hammers und U. Rosin, Fragen über den Teufel, in: E. Bauer (Hrsg.), Psi und Psyche, Stuttgart 1974, 61–73.

Überdenkt man die Gesamtbefunde – von denen in unserem Zusammenhang nur die wesentlichsten Aspekte berücksichtigt werden können –, so wird folgendes ersichtlich:

a) Evangelische Theologen sind in ihren Einstellungen weit stärker an der überlieferten kritischen Distanzierung gegenüber einem »personalen Bösen« orientiert als katholische.

Tabelle 1: *Fragen über den Teufel*

(Übersicht über repräsentative Befragungsergebnisse bei katholischen und evangelischen Theologen)

Item Nr.	Formulierung der Items	Antworten kath. Theologen		Antworten evgl. Theologen	
		ablehnend	zustimmend	ablehnend	zustimmend
65	Die traditionelle Teufelslehre der Kirche ist ein Hindernis im Kampf gegen den Aberglauben.	69 %	31 %	39 %	61 %
50	Der Teufel wird nur deswegen in der Bibel als Person dargestellt, weil die Bibel ganz allgemein die mythische Ausdrucksweise ihrer Zeit übernommen hat.	61 %	40 %	24 %	76 %
22	Der »Teufel« ist die Personifikation des Bösen in uns und in der Welt, nicht aber ein real existierendes personales Wesen.	63 %	37 %	26 %	74 %

116	Der Mensch ist zu den größten Untaten fähig, ohne daß der Teufel auch nur einen Finger rühren muß.	35 %	65 %	30 %	71 %
109	Leute, die den Teufel für ihre Anfechtungen verantwortlich machen wollen, versuchen, ihren innerseelischen Konflikten auszuweichen.	36 %	64 %	19 %	82 %
120	Wenn wir das Böse als solches ernst nehmen und bekämpfen, ist die Intention der Bibel erfüllt, egal ob wir an die personale Existenz des Teufels glauben oder nicht.	23 %	68 %	15 %	85 %

Auszugsweise entnommen aus: A. J. Hammers und U. Rosin, Fragen über den Teufel, in: E. Bauer (Hrsg.), Psi und Psyche. Festschrift für Hans Bender, Stuttgart 1974. Die Verschiebung von ± 1 % ergibt sich aus der Aufrundung der Einzelergebnisse nach den Kommastellen.

b) Katholische Theologen akzeptieren etwa zu zwei Dritteln die kognitiven Aspekte der überlieferten Tradition, aber das Verhältnis kehrt sich genau um, wenn seelsorgerliches Handeln ansteht. Es hat den Anschein, als ob offizielle katholische Stellungnahmen zwar formal akzeptiert werden, aber in der alltäglichen Seelsorgepraxis von der überwiegenden Mehrheit der Theologen nicht mehr verwirklicht werden.

c) Die Differenz zwischen »Theorie« und »Praxis«, die durch diese Repräsentativumfrage gestützt wird, fordert vor allem die Theologie, vornehmlich die katholische, als Wissenschaft dazu heraus, neue Stellungnahmen zu erarbeiten, die geeignet sind, die Dissonanz zu reduzieren.

Obwohl mit diesen Fragen natürlich nicht der Gesamtkomplex der christlichen Lehre über den Teufel oder das Böse abgesteckt ist, so zeigen doch diese wenigen Schlaglichter, welcher Stellenwert den übrigen Beiträgen dieses Buches zukommt.

II. DIE »DÄMONISCHE« BESESSENHEIT – GLEICHFÖRMIGKEIT DES PHÄNOMENBILDES: UNTERSCHIEDLICHE DEUTUNGSANSÄTZE

Das vielschichtige Phänomen, das uns in der »dämonischen« Besessenheit begegnet, wird zu allen Zeiten der Menschheitsgeschichte unabhängig vom kulturellen Hintergrund berichtet[10]. Obwohl die zeitgenössische Vorstellung von Besessenheit weitgehend auf Berichten basiert, wie sie etwa im Neuen Testament überliefert sind, gibt es im außerchristlichen Bereich eine Fülle von Zeugnissen, die für ein spontanes Auftreten dieses komplexen Symptombildes sprechen. Historisch gesehen, zeigen sich von der Antike an bis auf den heutigen Tag in den Berichten nahezu gleichförmige Muster.

Neben jenen Fällen von Besessenheit, die gleichsam autonom auftreten und ihre eigene Dynamik entwickeln, findet man mannigfache Formen und Zustände einer künstlichen Induktion ähnlicher Verhaltensweisen; diese »gewollte« Besessenheit ist kulturell institutionalisiert (wie z. B. beim Schamanismus oder in den Praktiken spiritistischer Kulte) und kann vorwiegend unter dem sozialpsychologischen Aspekt der Rolle analysiert werden[11].

Ein typischer Fall aus dem Jahre 1968, auf den ich durch mehrere Informanten hingewiesen wurde, kann die Problemstellung der »dämonischen« Besessenheit verdeutlichen.

Eine sechsundzwanzigjährige, wie mir versichert wurde, »ehrenhafte Jungfrau aus sehr geachteter religiöser Familie, sonst gesund an Leib und Seele«, weist seit einiger Zeit Zeichen einer dämonischen Besessenheit auf.

Während eines Exorzismus antwortet der »Dämon« auf die Frage, wo er ausfahren werde: In Martin im Burgenland. Man begleitet die Patientin nach St. Martin im Burgenland. Während der Fahrt verhält sie sich ruhig, betet mit den Mitreisenden. Am Ziel angekommen, beginnt der »Dämon« beim Anblick eines Rasenkreuzes fürchterlich zu toben. Die Patientin streckt voller Verachtung ihre Zunge weit gegen das Kreuz und schreit voller Wut: »Mach's kaputt, ich mach's kaputt!« Drei Personen müssen sich anstrengen, um das außer sich geratene Mädchen an Tätlichkeiten zu hindern.

Ein Fall aus der Antike kann die Gleichförmigkeit der Muster einer dämo-

---

[10] T. K. Oesterreich, Die Besessenheit, Langensalza 1921.

[11] H. H. Figge, Besessenheit als Therapie. Zeitschrift für Parapsychol. u. Grenzgeb. der Psychol. 12 (1970) 207–225; ders., Zur psychohygienischen Bedeutung der Dämonen. Zeitschrift für Parapsychol. u. Grenzgeb. der Psychol. 13 (1971) 230–241.

nischen Besessenheit belegen. Philostrat[12], der Biograph des Philosophen Appollonius von Thyana, hat einen Fall überliefert, bei dem eine Mutter den berühmten Mann bat, ihren sechzehnjährigen Sohn von einer dämonischen Besessenheit zu befreien. Das Wesen des Dämons sei höhnisch und lügenhaft.

»Seine eigene Stimme«, so fuhr die Frau fort, »hat der Knabe nicht, sondern er spricht in einem tiefen und hohlen Ton wie die Männer und schaut mehr mit fremden Augen, nämlich denen des Dämons, als mit seinen eigenen.«

Andere Zeugnisse über Besessenheit und Therapieprozeduren aus der griechischen Welt finden sich in den Dialogen Lucians[13], unter anderem der wichtige Hinweis, daß der böse Geist bei Exorzismen in fremden Sprachen antworte, die seinen Ursprung und die Begründung verrieten, warum er in diesen Menschen gefahren sei.

Der Sachverhalt, um den es geht, ist in seiner Erscheinungsform unbestritten. Unterschiedlich sind nur die Interpretationsansätze.

Das »Theologische Lexikon für die Praxis, Sacramentum Mundi« (1967, 502) spricht von personalen bösen »Mächten und Gewalten«, die im Menschen psychische Veränderungen und Raserei blasphemischer Art verursachen. Im Gegensatz dazu definieren psychologische oder psychiatrische Lexika[14] Besessenheit als »das vermeintliche Ergriffensein eines Menschen von einem bösen Geist«, vor allem bei Kranken, die an Epilepsie oder schweren hysterischen Anfällen leiden. Dagegen stellt das katholische Lexikon kategorisch fest: »Der Vergleich mit den medizinisch geklärten Krankheitsbildern der Epilepsie, schweren Hysterie und der eigentlichen Geisteskrankheiten spricht gegen die psychiatrische Erklärung, die Besessenheit in ihre Kategorien einordnen möchte.«

Angesichts dieser Diskrepanz in der Beurteilung des Phänomens scheint es notwendig, bei einem ubiquitären Auftreten zunächst rein beschreibend an das Erscheinungsbild heranzugehen. Mit Oesterreich (vgl. Anm. 10), einem »Klassiker« der Besessenheitsforschung, lassen sich drei Kriterien angeben, die für das äußere Bild der Besessenheit charakteristisch sind. Sie betreffen das Ausdrucksverhalten des Gesichts, die Veränderung der Stimme und das Auftreten eines neuen »Ich«.

---

[12] F. Philostrat, Appolonius von Thyana, übersetzt von E. Baltzer, Rudolfstadt/Taunus 1883, III. Buch, Kap. 38.

[13] Lucian, Gesamtausgabe, Stuttgart 1829, Bd. X, Kap. 16, 1368.

[14] F. Dorsch und W. Traxel, Psychologisches Wörterbuch, Hamburg/Bern 1963, 49.

a) »Die Gesichtszüge« – so schreibt Justinus Kerner[15] –, »die im gewöhnlichen Zustand Ruhe und Freundlichkeit ausdrücken, verwandeln sich in dem Moment, wo der Dämon in einem Menschen auftaucht, in die scheußlichsten Fratzen der Hölle.«
In fast allen Beschreibungen von Besessenheitszuständen taucht diese Verwandlung der Gesichtszüge auf, eine Verwandlung, die dem jeweils auftauchenden Dämon Ausdruck verleiht.
b) Parallel zu der Veränderung des mimischen Ausdrucks läuft die Veränderung der Stimme, sobald der Persönlichkeitswechsel sich vollzieht. Sowohl der Sprachrhythmus wie der Tonfall gleichen sich der »Wesenheit« an, die da spricht. Das mag einmal haßerfüllt zischen, ein andermal theatralisch majestätisch klingen: Jedesmal tönt aus der Intonation der Charakter eines neuen Ich.
c) Das dritte Merkmal, das sich bei Besessenheitszuständen zeigt, ist dies: Die »neue« Stimme redet nicht im Sinne des bisherigen Ich des Betroffenen, sondern so, als ob da ein neues Ich sich gebildet habe, das vom früheren oder vorhergehenden nichts weiß. Wenn das Normal-Ich der Besessenen als gutartig, freundlich und entgegenkommend, voller Zurückhaltung beschrieben wird, so tritt in den Besessenheitszuständen ein anderes Ich auf, das in der fremden Stimme einer oder mehreren »Komplementärpersönlichkeiten« Ausdruck verleiht; die von der veränderten Stimme und dem jeweils neuen Ich gesprochenen Worte enthalten Aussagen, die grob und unflätig den bei der »Normalpersönlichkeit« geltenden ethischen und religiösen Normen aufs heftigste widersprechen.

Mit diesen drei Merkmalen kann ein Tobsuchtsanfall einhergehen: Die Bewegungen des Körpers sind teilweise ganz sinnlos; ein wildes Herumschlagen der Glieder, Verrenkungen und Verdrehungen, Zusammenkrümmen des Körpers werden berichtet.
Die tragende Säule bei einer derartigen typisierend-beschreibenden Erfassung des Phänomens ist der Persönlichkeitswechsel, das Auftreten einer Doppel- oder multiplen Persönlichkeit.
Aus der Sicht der Persönlichkeits- und Klinischen Psychologie vertritt G. Murphy[16] die Auffassung, daß die meisten Fälle von multipler Persönlichkeit

[15] J. Kerner, Geschichten Besessener neuer Zeit, Stuttgart 1834, zit. nach Oesterreich, Die Besessenheit, 16.
[16] G. Murphy, Personality, a biosocial Approach to Origins and Structures, New York/London 1947.

im wesentlichen die Bemühungen des Organismus darstellen, zu verschiedenen Zeiten verschiedene Wertsysteme zu leben. Auf eine dramatische Art signalisieren also multiple Persönlichkeiten eine für die Persönlichkeitspsychologie wichtige Tatsache: Die Einheit des Selbstkonzeptes ist nicht schlechthin unveränderlich gegeben, sondern hängt von bedeutsamen psycho- und sozio-dynamischen konstellierten Faktoren ab.

1. Theologische Kriterien zur Diagnose »dämonische Besessenheit«

Die beiden christlichen Konfessionen unterscheiden sich sehr stark bezüglich ihrer Stellungnahmen zum Thema »dämonische Besessenheit«.
Die »Realenzyklopädie protestantischer Theologie und Kirche« (1898) formuliert ihre Stellungnahme so:
»Die Beurteilung der Besessenheitserscheinungen ist nämlich von dem allgemeinen Weltbilde abhängig, das im Bewußtsein des Kranken, der Ärzte und Geistlichen lebt. Trotz Aufklärung und Fortschritten der Naturwissenschaften ist die naiv supranaturale Auffassung dieser Dinge auch heute noch keineswegs überwunden ... Da wir Theologen keine kompetenten Beurteiler der vorliegenden psychischen Tatsachen sind, so haben wir Belehrung anzunehmen von den Medizinern, die gerade in neuerer Zeit den Besessenheitserscheinungen ein sorgfältiges Studium gewidmet haben« (418).
Innerhalb des katholischen Raumes gelten seit der Erstausgabe des Rituale Romanum im Jahre 1614 bis heute unverändert eindeutig kodifizierte Kriterien für »dämonische Besessenheit«. Unter dem Titulus 11 sind folgende Merkmale als Zeichen für eine Besessenheit durch Dämonen angegeben:

a) Dieser Mensch muß mehrere Worte einer ihm unbekannten Sprache sprechen oder verstehen, was jemand in einer ihm – nämlich dem Patienten – unbekannten Sprache sagt.
b) Er muß das, was sich weit entfernt oder im Verborgenen zugetragen hat, offenkundig machen, also berichten können.
c) Er muß Kräfte zeigen, die über das altersspezifische Maß hinausgehen oder Möglichkeiten, die in der menschlichen Natur angelegt sind, übersteigen.

Das sind die drei Voraussetzungen, die das Rituale Romanum für Besessenheit nennt. Geht man jedoch von der historischen Erfahrung aus, so kommt noch ein weiteres Kriterium hinzu: die Aversion gegen das Religiöse. 21 Paragraphen des Rituale Romanum legen Sinn und Verfahrensweise des hochstrukturierten Exorzismusvorganges näher fest; weiter verweisen die Canones 1151 bis 1153 des Codex iuris canonici auf spezielle Voraussetzungen für den Exorzismus, wie etwa die ausdrückliche Genehmigung durch den zuständigen Bischof.

2. *Eine »alte« und zugleich »neue« Dimension: parapsychische Phänomene im Besessenheitssyndrom*

Sichtet man kritisch den Inhalt der drei klar definierten Kriterien für Besessenheit, so fällt auf, daß nicht etwa theologische oder psychopathologische Merkmale angesprochen sind, sondern parapsychische Erfahrungen, welche die Welt des Vertrauten durchbrechen.

Die Kriterien 1 und 2 des Rituale Romanum lassen sich unter dem Sammelbegriff »außersinnliche Wahrnehmung« fassen. Seit alters her wird von Ahnungen, Visionen, Wahrträumen berichtet, die weit Entferntes, Verborgenes oder Zukünftiges zum Gegenstand haben. In besonderem Maße, so scheint es, eignen sich affektbesetzte Vorstellungen oder Ereignisse für eine unbewußte telepathische Übertragung.

Das dritte Kriterium des Rituale Romanum verweist darauf, daß die menschliche Psyche eine direkte Einwirkung auf die Welt materieller Objekte ausüben könnte. Derartige Vorgänge werden in allen Kulturen der Menschheitsgeschichte immer wieder berichtet: Spukartige Vorgänge, bei denen Gegenstände sich bewegen, plötzlich auftauchen und wieder verschwinden sollen.

Die moderne Parapsychologie fragt nach dem harten Kern dieser angeblichen Ereignisse. Aus einigen tausend Berichten über sogenannte spontane Erfahrungen werden Hypothesen abgeleitet, die in Laboratoriumsexperimenten einer kritischen Prüfung unterzogen werden[17].

Sichtet man sorgfältig unter diesem Aspekt die Berichte von Besessenheit, wie sie etwa v. Görres im V. Band seiner »Mystik« zusammengetragen hat[18],

---

[17] H. Bender, Parapsychologie – Entwicklung, Ergebnisse, Probleme, Darmstadt 1966; H. J. Eysenck, Personality and Extrasensory Perception, in: Journal of the Society for Psychical Research 44 (1967); J. Mischo, Parapsychologie und Wunder II. »Durchbrechung der Naturgesetze« – Außersinnliche Wahrnehmung in der spontanen Erfahrung und im Experiment. Zeitschrift für Parapsychol. u. Grenzgeb. der Psychol. 12 (1971) Nr. 3; ders., Außersinnliche Wahrnehmung – spontane Erfahrung und quantitativ-statistisches Experiment als Gegenstand der Forschung. Unveröffentl. Habil.-Schrift, Freiburg 1972.

[18] J. v. Görres, Die christliche Mystik, Bd. 5, Regensburg o. J.

so findet sich dort reichhaltiges parapsychisches Material. Dasselbe gilt für die zehn französischen Falldarstellungen aus dem 16. und 17. Jahrhundert, die Cécile Ernst anhand von Originalprotokollen analysiert hat[19]. Diese Linie läßt sich weiter verfolgen bis hin in unser Jahrhundert[20].

Aber auch innerhalb der psychopathologischen Forschung wurden in Fällen von Persönlichkeitsspaltung parapsychische Fähigkeiten festgestellt, jedoch ohne »Jenseitsdeutungen«. Von renommierten Psychologen und Parapsychologen wurde wiederholt darauf hingewiesen[21], daß gerade die Dissoziation der menschlichen Psyche in besonderem Maße parapsychische Fähigkeiten freisetzt.

Um es klar und unmißverständlich zu sagen: Das Auftreten parapsychischer Fähigkeiten ist keineswegs immer an eine aufgesplitterte menschliche Psyche gebunden. Seit Jahrzehnten sind Massenversuche mit normalen Versuchspersonen durchgeführt worden. In diesen Laboratoriumsversuchen ging es um den gesetzmäßigen Aufweis von Bedingungszusammenhängen, die das Auftreten parapsychischer Fähigkeiten begünstigen oder verhindern.

Soviel wissen wir heute: *Bei den parapsychischen Phänomenen handelt es sich um rein natürliche Vorgänge,* die mit einer gewissen Wahrscheinlichkeit auf eine frühe Form der menschlichen Kommunikation zurückgehen.

Diese Hypothese hat Freud[22] vertreten. Aus der Sicht des dialektischen Materialismus hat Wassiliew[23] ein ähnliches Konzept vorgetragen.

Freud sagt: »Man wird zu der Vermutung geführt, daß dies der ursprüngliche, archaische Weg der Verständigung unter den Einzelwesen ist, der im Verlauf der phylogenetischen Entwicklung durch die bessere Methode mit Hilfe der Zeichengebung zurückgedrängt ist, die man mit den Sinnesorganen aufnimmt. Aber die ältere Methode könnte im Hintergrund erhalten bleiben und sich unter gewissen Bedingungen noch durchsetzen.«[24]

Es erscheint also keineswegs gerechtfertigt, »hinter« den parapsychischen Phänomenen »Dämonen« als Wirkursache anzunehmen. Im Gegenteil: Wer

---

[19] C. Ernst, Teufelsaustreibungen – Die Praxis der katholischen Kirche im 16. und 17. Jahrhundert, Bern 1972.

[20] A. Rodewyk, Dämonische Besessenheit heute (Anm. 1).

[21] G. Murphy, Psychical Research and Personality, Journal of American Soc. for Psychical Research 44 (1950); H. Bender, Psychische Automatismen, Leipzig 1936.

[22] S. Freud, Neue Folge der Vorlesungen zur Einführung in die Psychoanalyse. Ges. Werke, Bd. XV.

[23] L. L. Wassiliew, Experimentelle Untersuchungen zur Mentalsuggestion, Leningrad 1962. Deutsche Übersetzung, Bern 1965.

[24] S. Freud, Ges. Werke, Bd. XV, 59.

eine derartige These vertritt, macht sich unglaubwürdig und leistet der angeblich guten Sache, die er zu vertreten glaubt, einen Bärendienst.
Wenn wir uns dieser Erkenntnis der Sachlage bewußt sind, so fordert der Aufweis der historischen Entwicklung einer Verschränkung psychopathologischer und parapsychologischer Merkmale dazu heraus, aus dem »Diesseits« unserer Wissenschaft vor »Jenseitsdeutungen« eines komplexen Phänomenzusammenhanges zu warnen.
Das hat bereits – allerdings in ambivalenter Form – das von Theologen beider Konfessionen herausgegebene »Praktische Bibellexikon« 1969 getan[25]. Einerseits wird dort an der Wirkung des personalen Bösen, das im Menschen Krankheiten und psychische Veränderungen bewirke, festgehalten, andererseits wird betont, daß »angesichts der auffallenden Ähnlichkeit zwischen der Besessenheit und parapsychologischen Phänomenen heute äußerste Zurückhaltung geboten ist«. Etwas, das »früher als sichtbares Zeichen der Echtheit der Besessenheit angesehen wurde, kann heute nicht mehr ohne weiteres als solches gelten« (ebd.).

3. *Einstellung von Theologen zum Phänomen einer »dämonischen Besessenheit«*

Im Rahmen der bereits früher erwähnten Umfrage hat U. Rosin[26] 1977 die Ergebnisse der Einstellung von Theologen beider Konfessionen gegenüber der Besessenheit veröffentlicht. Aus dem reichhaltigen Material habe ich die nachfolgenden Items ausgewählt (vgl. Tab. 2).
Drei Behauptungen betreffen die Diagnose Besessenheit (Nr. 57, 17, 99); zwei – entgegengesetzt formulierte Items (12, 9) – die Bewertung des Phänomens.

---

[25] Praktisches Bibellexikon, Freiburg 1969, 126.
[26] U. Rosin, Parapsychisches und Okkultes aus der Sicht evangelischer Pfarrer der BRD, Phil. Diss. Freiburg 1977, im Druck.

Tabelle 2: *Fragen über Besessenheit*

(Übersicht über repräsentative Befragungsergebnisse bei katholischen und evangelischen Theologen)

Item Nr.	Formulierung des Items	Antworten kath. Theologen		Antworten evgl. Theologen	
		ablehnend	zustimmend	ablehnend	zustimmend
12	Das Phänomen der Besessenheit ist heute so selten, daß diese ganze Thematik nahezu bedeutungslos ist.	49 %	51 %	65 %	35 %
57	Die rationalistische Auffassung, daß die Besessenen der Heiligen Schrift nur körperlich oder seelisch Kranke seien, ist mit der Würde und der Wahrheit des Gotteswortes unvereinbar.	36 %	64 %	66 %	34 %
17	Die im Rituale Romanum aufgeführten Kennzeichen der Besessenheit (Verstehen fremder Sprachen, Erkennen von Verborgenem und Besitz übermenschlicher Kräfte) sind heute im Prinzip alle parapsychologisch erklärbar.	60 %	40 %	38 %	62 %
99	Die psychiatrische Diagnose einer Geisteskrankheit oder Epilepsie schließt eine Besessenheit nicht aus. Da der Teufel den Körper des Opfers völlig ergreift, kann er auch diese Krankheitsbilder hervorrufen.	34 %	66 %	66 %	34 %

9	Es wäre gut, wenn die Menschen heute mehr Fälle von Besessenheit sehen könnten. Dann hätten sie einen drastischeren Anschauungsunteridit über die schreckliche Gewalt des Teufels.	52 %	48 %	65 %	35 %

Auch wenn man an der Formulierung der einzelnen Behauptungen Kritik üben mag – drei Orientierungsmarken sind unverkennbar:

a) Evangelische Theologen sind zurückhaltender, was die Diagnose sowie die Bewertung der Besessenheit angeht. Durchgängig vertreten zwei Drittel einen »entmythologisierenden« Standpunkt.
b) Genau spiegelbildlich dazu zeichnet sich die Einstellung katholischer Theologen gegenüber der Diagnose Besessenheit ab. 66 % halten es für möglich, daß der Teufel auch psychiatrische Krankheitsbilder hervorrufen kann, 60 % widersprechen der Ansicht, daß die im Rituale Romanum aufgeführten Kennzeichen parapsychischer Natur sind.
c) In ihrer Gesamtheit zwiespältig sind katholische Theologen in ihrem Urteil über die Bedeutung der Besessenheit. Es stimmt nachdenklich, wenn fast die Hälfte der befragten katholischen Theologen die Ansicht vertreten, daß mehr Fälle von Besessenheit einen drastischeren Anschauungsunterricht über die schreckliche Gewalt des Teufels geben würden.

Man fragt sich, ob bei vielen katholischen Theologen das notwendige Problembewußtsein gegenüber dem komplexen Symptombild der »dämonischen« Besessenheit und seiner Therapie in Form des Exorzismus vorhanden ist.
Zieht man in Betracht, daß die Behauptung der Umfrage: »Der Exorzismus in zweifelhaften Fällen ist sehr gefährlich, da erst durch ihn Besessenheitssymptome ausgelöst werden können« von 76 % der katholischen und 45 % der evangelischen Theologen abgelehnt wird, so scheint mir dies für beide Konfessionen ein – wenn auch unterschiedlich gewichtiges – Alarmsignal.
Der Vorsitzende der Deutschen Bischofskonferenz, Kardinal Höffner, hat 1976 in zwei Stellungnahmen nachdrücklich vor einer voreiligen Dämonisierung gewarnt. Er sagte:
»Grundsätzlich gilt folgendes: Wenn behauptet wird, es gebe da oder dort einen Fall von Besessenheit, sind größte Klugheit und höchste Vorsicht ge-

boten. Man wird erfahrene Ärzte und Psychologen hinzuziehen und sich folgende Fragen stellen müssen: Lassen sich die angeblich außergewöhnlichen geistigen und körperlichen Kräfte nicht durch Hysterie erklären? Handelt es sich um parapsychische Fähigkeiten (Telepathie, Hellsehen, ›Zweites Gesicht‹, Ahnungen und dergleichen)? Spielt das Unterbewußte eine Rolle? Es gibt Zwangszustände und Persönlichkeitsspaltungen, bei denen der Eindruck entstehen kann, der Kranke habe ein ›zweites Ich‹. Auch das Rituale Romanum mahnt, ›nicht leicht daran zu glauben, daß jemand von einem bösen Geist besessen sei‹.«[27]

Über diese Warnung hinaus geht der Kardinal noch weiter:

»Im übrigen steht nichts im Wege, daß die Bestimmungen des Rituale Romanum im Licht der Erkenntnisse der modernen Medizin und Psychologie überprüft werden. Ob jemand in einem konkreten Fall besessen ist, ist keine Glaubensfrage. Wer hier anders denkt, darf nicht als ungläubiger Rationalist hingestellt werden.«[28]

4. *Reaktionen von Meinungsmachern und Meinungskonsumenten auf Fälle von »dämonischer Besessenheit«*

Im Jahre 1975 machte der von William Friedkin nach dem Buch von W. Blatty[29] gedrehte Film »Der Exorzist« vor allem in den USA und in Deutschland von sich reden. Nach einer großangelegten Werbekampagne witterte man wohl in der filmischen, auf Sensationen abgestimmten Aufbereitung eines Falles von »dämonischer Besessenheit« und seiner Komplementärvariante – einer Therapie nach dem Rituale Romanum – eine Marktnische bei einem von Horrorfilmen übersättigten Publikum.

Die Rezensenten der Massenmedien vertraten nahezu einhellig einen naiv-aufklärerischen Standpunkt. Sichtet man die nicht konfessionell gebundene Berichterstattung über diesen Film, so läßt sich folgendes feststellen:

- Der Teufelsglaube wird mit vielen Wortspielen lächerlich gemacht.
- Der Inhalt des Films wird von nahezu allen Kritikern als »ärmlich, trivial, primitiv, plump und unwahrscheinlich« bezeichnet.

---

[27] Teufel – Besessenheit – Exorzismus. Interview des Presseamtes des Erzbistums Köln mit Kardinal Josef Höffner, Erzbischof von Köln, Sonderdruck des Presseamtes des Erzbistums Köln, 1976, Nr. 45, 7.

[28] Teufel – Besessenheit – Exorzismus. Interview des Zweiten Deutschen Fernsehens mit Kardinal Josef Höffner, Erzbischof von Köln, Sonderdruck des Presseamtes des Erzbistums Köln, 1976, Nr. 45.

[29] W. Blatty, Der Exorzist, Wien/München/Zürich 1972.

– Einigkeit besteht weitgehend bei den Kritikern in dem perfekten Einsatz des sound track, d. h. der Mischung von Musik und Geräusch. Diese Mixtur werde als ein Mittel benutzt, die Zuschauer »psychisch aufzuknacken«.

Dem eingeengten Blickwinkel der Besprechung entzog sich der eigentliche Kern des Problems: die vorschnelle Dämonisierung, die sich aufgrund der »Entwicklungsgeschichte« dieses Films unschwer nachweisen läßt, wie meine Kollegen U. Rosin und C. H. Wessels[30] es getan haben.

Wie reagierten nun die Zuschauer auf diese Begegnung mit dem »Unheimlichen«?[31]

Kaum einer von ihnen identifizierte sich mit dem Schicksal des gequälten Kindes oder der betroffenen Mutter.

Wie ich aus eigener Erfahrung feststellen konnte, ertönte bei den soundtrack-Effekten ein oberflächliches Lachen bei den Kinobesuchern, aber – so wurde berichtet – im Verlaufe des Films traten auch psychosomatische Symptome auf wie Erbrechen, Ohnmachten und tranceartige Zustände, in denen die Zuschauer aus dem Kino wankten; psychogene Alpträume, Phobien und Zwangsvorstellungen – Kennzeichen einer typischen Ambivalenz.

Dieser Film, der sich sehr gekonnt auf die überlieferten Muster der »dämonischen Besessenheit« einstellt und sie mit einer technischen Perfektion ohnegleichen dem Zuschauer nahebringt, berührt ein lange tabuiertes Gebiet, auf dem das sehr komplexe Phänomen der Besessenheit »wuchert«.

Während wir uns bereits in unserem Urteil von der magisch-animistischen Denkweise abgewendet und ein wissenschaftliches Weltbild errichtet haben, faszinieren derartige Relikte eines »primitiven« Denkens und Erlebens und provozieren ein Wiederauftauchen des Verdrängten in der individuellen und der Menschheitsgeschichte. Und dafür sind wir in unserer überzivilisierten Welt besonders anfällig geworden. Infolgedessen lastet auf einer wissenschaftlichen Auseinandersetzung mit dem Themenkomplex »dämonische Besessenheit« eine selektive Wahrnehmung mit dem Gewicht irrationaler Vorentscheidungen.

Der amerikanische Psychoanalytiker J. Ehrenwald charakterisiert diesen Sachverhalt so: »Der moderne Mensch hat sein wissenschaftliches Weltbild auf den Trümmern des magischen und animistischen Denkens errichtet und

---

30 U. Rosin und C. H. Wessels, Der Exorzist I. Zeitschrift für Parapsychol. u. Grenzgeb. des Psychol. 16 (1974) 192–213.

31 S. Freud, Das Unheimliche. Ges. Werke, Bd. XII.

damit seine geheime Sympathie für die primitiven Kräfte herausgefordert, die noch in ihm wirksam sind. Er kämpft hart gegen ein Wiederauftauchen des Verdrängten in seiner gewöhnlichen Erfahrung an. Noch immer fürchtet er, die monströsen Idole einer versunkenen Epoche können ihren Platz einnehmen, den sie sonst innehatten.«[32]

Ein Jahr nach den Reaktionen auf den Film »Der Exorzist« gab es so etwas wie eine »Wiederkehr des Verdrängten«. Eine Welle der Entrüstung ging durch Presse und Öffentlichkeit. Der Fall Klingenberg machte Schlagzeilen.

5. Der Fall Klingenberg – rücksichtslose Aufklärung oder Wahrung der Intimsphäre?

Im Sommer 1976 verstarb Anneliese Michel aus Klingenberg. Sie war 24 Jahre alt. Vorausgegangen war ein länger dauernder Exorzismus, orientiert an den Regeln des Rituale Romanum von 1614. Der Vorgang des Exorzismus sowie die Reaktionen der Patientin sind auf einer Vielzahl von Tonbändern überliefert.

Erst der Tod der Patientin – durch Massenmedien eilends verbreitet, von seriösen Zeitungen bis hin zu Gazetten begierig aufgegriffen – forderte mit unterschiedlichen Akzentsetzungen eine rückhaltlose Aufklärung. Parallel dazu schaltete sich die zuständige Staatsanwaltschaft ein.

Die Kernfrage lautet: Hat der Exorzismus unmittelbar zum Tod der Anneliese Michel geführt?

Die Leser werden natürlich von mir erwarten, daß ich diese Frage – von neuem aufgegriffen durch eine Fernsehsendung des ZDF am 25. 5. 77 – präzise beantworte. Das kann ich nicht, weil dies trotz aller mir zugegangenen Informationen von unterschiedlichem Wert einen Eingriff in ein noch schwebendes Verfahren bedeuten würde. Und ich will es auch nicht aus zwei Gründen. Zum ersten liegen, wie ich aus einer laufenden Korrespondenz mit Bischof Stangl, Würzburg, erfahren habe, die offiziellen Gutachten noch nicht vor. Mit meinem Berufsethos kann ich es nicht vereinbaren, eine Story »aus zweiter Hand« zu kolportieren. In einem solchen Falle erscheint mir Zurückhaltung wichtiger als sensationelle Quasierkenntnisse. Zum anderen wird hier ein Problem deutlich, das sich prinzipiell bei der Veröffentlichung von Krankengeschichten stellt. S. Freud hat 1909 diesen Sachverhalt so formuliert:

---

[32] J. Ehrenwald, Telepathy and Medical Psychology, New York 1948, 186.

»Die vollständige Behandlungsgeschichte kann ich nämlich nicht mitteilen, weil sie ein Eingehen auf die Lebensverhältnisse meines Patienten erfordern würde. Die belästigende Aufmerksamkeit einer Großstadt, die sich auf meine ärztliche Tätigkeit ganz besonders richtet, verbietet mir eine wahrheitsgetreue Darstellung; Entstellungen aber, mit denen man sich sonst zu behelfen pflegt, finde ich immer mehr unzweckmäßig und verwerflich. Sind sie geringfügig, so erfüllen sie den Zweck nicht, den Patienten vor indiskreter Neugierde zu schützen, und gehen sie weiter, so kosten sie zu große Opfer, indem sie das Verständnis der gerade an die kleinen Realien des Lebens geknüpften Zusammenhänge zerstören. Aus diesem letzteren Umstand ergibt sich dann der paradoxe Sachverhalt, daß man weit eher die intimsten Geheimnisse eines Patienten in der Öffentlichkeit preisgeben darf, bei denen er doch unerkannt bleibt, als die harmlosesten und banalsten Bestimmungen seiner Person, mit denen er allen bekannt ist und die ihn für alle kenntlich machen.«[33]

Im Falle Klingenberg ist die »belästigende Aufmerksamkeit« nicht nur einer Großstadt, wie sie Freud meinte, sondern der Massenmedien unserer Zeit eingetreten. »Enthüllungen«, wie sie der naiv-gutgläubige Pater Renz zu seiner Entlastung in einem Fernsehinterview[34] aufgrund von Tonbandauszügen über die »Dämonen« von sich gab, schaden ebenso wie jene Halbwahrheiten gewisser Presseerzeugnisse, die dem Leser ein »Vorurteil« suggerieren, bevor der komplexe Sachverhalt von fachkompetenten Wissenschaftlern analysiert worden ist.
Man gewinnt den Eindruck, als seien Anneliese Michel nach ihrem Tode, ihre Eltern und Bekannten sowie Pater Renz zu »öffentlichen« Personen deklariert worden. Ich frage mich: aufgrund welcher Kriterien?

Das Grundgesetz garantiert die Menschenwürde (Art. 1) sowie die Freiheit der Person (Art. 2). Danach sind »Eingriffe um so weniger zulässig, als der Intimbereich berührt wird, und um so eher, je stärker der ›Sozialbezug‹«[35]. Im amtlichen Kommentar zu Art. 5 (Freiheit der Meinungsäußerung) wird festgestellt, daß niemand das Recht hat, »in den privaten Bereich eines anderen einzudringen oder Einsicht in private Schriftstücke zu nehmen, die nicht der Allgemeinheit zugänglich gemacht worden sind«[36].

Von seiten der die A. Michel behandelnden Ärzte habe ich nirgendwo eine offizielle Mitteilung gegenüber der Presse gesehen oder gehört. Dies würde ihre Standespflichten verletzen. Auch die Mitteilungen des Bischöflichen Presseamtes der Diözese Würzburg[37] geben nur allgemeine Richtlinien ab;

---

[33] S. Freud, Bemerkungen über einen Fall von Zwangsneurose. Ges. Werke, Bd. VII, 381 f.
[34] F. Alt, Fernsehsendung »Report« vom 2. 8. 1976.
[35] Das Deutsche Bundesrecht, 268. Lieferung, Juli 1969. Nomos Verlagsgesellschaft Baden-Baden. [36] A.a.O. 110.
[37] J. Stangl, Erklärung zum Geschehen von Klingenberg vom 11. 8. 1976.

über die Entstehungsgeschichte und die konkreten Bedingungszusammenhänge wird weiter geschwiegen.
Handelt es sich nun um einen Fall, der – wegen eventuell unangenehmer Konsequenzen – »vertuscht« werden soll?
Dem würde ich nicht zustimmen. Die Öffentlichkeit hat ein Recht zu erfahren, wie die Kernfrage: »Exorzismus mit Todesfolge?« nach der Untersuchung beantwortet wird. Und es besteht weiterhin ein Interesse an einer, die Intimsphäre der beteiligten Personen berücksichtigenden Aufhellung. Dabei sind folgende Fragen offen:

a) Laut § 1151 des Codex Iuris Canonici darf der Exorzismus nur mit ausdrücklicher Genehmigung der vorgesetzten Behörde, d. h. des Bischofs, ausgeübt werden. Lag diese vor?
b) Der Exorzist soll nicht eingreifen, wenn nicht *vorher* eine »sorgfältige und sachkundige Untersuchung« ergeben hat, daß tatsächlich eine dämonische Besessenheit vorliegt (§ 1152, ad 2). Ist das geschehen?
c) Der Exorzist soll vor allem nicht leichtgläubig sein, wenn es um eine Besessenheitsdiagnose geht (ad 3). Entsprach der Exorzist den kritischen Anforderungen des Rituale Romanum[38], oder zeigte er bereits vor seinem Einsatz eine unreflektierte Dämonengläubigkeit?
d) Um seiner Aufgabe gerecht zu werden, soll der Exorzist sich vielseitig informieren, Meinungen von anerkannten Autoritäten kennen, bisherige Praxiserfahrung berücksichtigen und dies gründlich im Auge behalten (ad 2). Waren diese Voraussetzungen im speziellen Falle berücksichtigt?
e) Der Exorzist soll sich hüten, medikamentös eine quasimedizinische Behandlung durchzuführen; die medizinische Behandlung hat er den Ärzten zu überlassen (ad 18). War diese Paralleltherapie gewährleistet?
f) Der Vorgang des Exorzismus soll als ein gutes Werk der Liebe zum Nächsten standhaft und demütig durchgeführt werden (ad 1). Unter »demütig« verstehe ich im speziellen Falle die ständige Bereitschaft, einzusehen, wann ich durch kritische Überprüfung neuer Erkenntnisse meinen Standpunkt revidieren muß. Ist das in Klingenberg geschehen?
g) Von der Verantwortung für den jeweiligen Exorzismus, seiner Anordnung, Durchführung und Überwachung entsprechend den obengenannten Kriterien, kann wohl derjenige, der die Genehmigung erteilt, nicht entbunden werden. Wenn treffende moralische oder rechtliche Gründe vorliegen, so sollten diese offengelegt werden – jetzt und bei eventuellen zukünftigen Fällen.

---

[38] Rituale Romanum, Pauli Quinti, Pontificis Maximi Iussu Editum, Nachdruck Regensburg 1926.

In Anlehnung an die zitierten Verordnungen der katholischen Kirche scheinen mir dies die wichtigsten Punkte zu sein, zu denen die Öffentlichkeit ein Recht auf Stellungnahme hat.
Um aber zu einer Urteilsfindung in einem Raum der Besonnenheit zu kommen, muß ich nochmals auf den von S. Freud angesprochenen »paradoxen Sachverhalt« zurückgreifen. Die Paradoxie besteht im Falle Klingenberg darin, daß ohne Berücksichtigung der »Entstehungsgeschichte« – und damit der persönlichen Sphäre aller Beteiligten – eine angemessene Aufhellung nicht möglich ist.
Vieles von dem, was ich über den »Fall Klingenberg« gelesen habe, bewegte sich auf dem Niveau einer Pseudobewußtmachung: Sensation – mit dem prickelnden Gefühl des Schaurig-Geheimnisvollen, gleichzeitig die Angst vor einem Rückfall in überwunden geglaubte Zeiten der Menschheitsgeschichte – dieser Grundtenor vieler Veröffentlichungen fixiert die Zwiespältigkeit gegenüber einem irrationalen Komplex, statt sie aufzulösen. Das ist eine Feststellung, kein Vorwurf.
In unserem Zusammenhang soll der Prozeß des psychologischen Einfühlens und Verstehens in das Vorfeld der Besessenheit einführen: die privaten Dämonologien als Selbstinterpretation psychisch Kranker.

6. Private Dämonologien als Selbstinterpretation psychisch Kranker

Unlängst bekam ich einen Brief von einem etwa 25 Jahre alten Mädchen, das mir folgendes schrieb: »Seit Februar 1971 glaube ich, teuflisch besessen zu sein. Bis jetzt habe ich noch niemanden gefunden, der mir den bösen Geist ausgetrieben hat.«
Die Patientin, die bereits mehrfach in stationärer psychiatrischer Behandlung war, schildert ihr »Schlüsselerlebnis« folgendermaßen: »Ich erlebte Gott oder den Heiligen Geist vermischt mit Sexualität, Medizin, Elektrizität durch Herrn X., den ich noch nie gesehen hatte. Es war alles komisch bedingt, d. h. ich habe es durch die Wolken erlebt, und es strömte wohltuend durch meine Bauchgegend, was sexuell bedingt war. Dabei erlebte ich emotional einen Freund von mir. Dieses Ganze empfand ich als eine Botschaft oder eine Erlösung von meiner Unterdrückung. Ich erkannte, daß Gott wohl doch an mich gedacht hatte. Ich war überwältigt von diesem Erlebnis und rief meinen Freund an. Ich sagte ihm, er möge sofort zu mir, seiner anderen Hälfte kommen. Ich wollte ihn jetzt als meine andere Hälfte akzeptieren. Er selbst ist Psychopath, geisteskrank. Als er kam, sagte ich ihm, ich bin jetzt nicht mehr passiv, sondern aktiv. Dann wollte ich mit ihm

körperlich eins werden. Dabei möchte ich sagen, daß ich noch Jungfrau war und er impotent. Er hypnotisierte mich während dieser Zeit, das ertrug ich nicht.«

Dann begann bei der Patientin eine Phase der Verweigerung der Nahrungsaufnahme. »Wichtig ist bei allem noch zu sagen, daß ich hungerte und daß der Teufel den Menschen in einem Schwächezustand gern versucht.«

Die Dämonen, die die Patientin daraufhin sieht, sind »meistenteils aus einem Animiermilieu, und es wimmelt von Sexteufelchen«.

Über die zwischenmenschliche Kommunikation berichtet die Patientin: »Seltsam oder ungewöhnlich an meiner Situation ist, daß alle Menschen, gleich welchen Glaubens sie sind, wenn sie mich sehen, automatisch, ob bewußt oder unbewußt, die Hände falten. Ich falle immer auf, und diese Geste nervt mich sehr, es kann sein, daß dies eine verteufelte Geste ist. Ich fühle mich nicht frei und scheine eine Gefangene zu sein.«

In einem weiteren Brief schreibt die Patientin: »Das alles ist eine ungeheure Belastung für mich, eventuell sogar eine Gefährdung.

Mein sehnlichster Wunsch ist, wieder frei zu werden. Können Sie mir einige Exorzisten nennen, die mir evtl. helfen könnten?«

Leute, die anders denken als ich, mögen es mir verzeihen, aber ich habe der Patientin statt eines Exorzisten einen mir sehr gut bekannten Psychotherapeuten empfohlen, der in der Nähe ihres Wohnortes lebt. Er erklärte sich bereit, sich der Sache anzunehmen. Aber sie vermied es bislang, mit ihm Kontakt aufzunehmen. Es besteht weiter die Gefahr, daß entgegen kirchenamtlichen Verlautbarungen sie einen naiv-gutgläubigen Exorzisten findet, der auf die private Dämonologie des Mädchens mit einem magisch erwarteten Ritual antwortet.

Mit Absicht habe ich aus einer Fülle von Anfragen und Berichten diesen Modellfall herausgegriffen, die in unterschiedlichen Varianten ein schwer gestörtes Verhältnis zur Wirklichkeit verraten und dabei auf geradezu archetypische Mythologeme zurückgreifen, um mit einer »magischen« Praktik eine spontane Heilung zu erreichen.

Was mich persönlich beunruhigt, ist das Unbehagen darüber, welche quasitherapeutischen Maßnahmen unkontrolliert in einem solchen Fall auf Initiative der Heilungssuchenden eingeleitet werden können.

Eine andere Variante der privaten Dämonologie berichtet mein Kollege R. Bock aus der klinischen Praxis. Ein dreißigjähriger Künstler erschrak eines Tages in seinem Atelier zu Tode, als er »mit ›sehend gewordenen inneren Augen‹ bemerkte, wie sich der ganze Raum mit finsteren Nebeln füllte, die sich zu einem wutverzerrten Gesicht verdichteten, das ihn wochenlang verfolgte. Von da an stand für ihn, entgegen den Auffassungen seiner mitmenschlichen Umwelt, die Realität eines personalen Bösen fest. Er sagte: ›Der Teufel existiert. Er ist so schrecklich, wie man es sich gar nicht vorstellen kann. Er trachtet danach, jede Liebe schon im Keim zu ersticken.‹

Der Künstler glaubte sich dann abwechselnd vom Teufel verfolgt, oder er fiel in Zustände tiefster Depression mit dem Gefühl, einer auch durch den Tod nicht abschließbaren Verdammnis verfallen zu sein. Dann aber fühlte er sich vorübergehend wieder freier, verfiel dabei aber in einen eigenartigen Verfolgungswahn. Wenn er etwa zufällig bemerkte, daß jemand sich unwillkürlich mit der Zunge über die Lippe fuhr, meinte er, daß ihm der Teufel die Zunge herausstrecke, um ihm zu bedeuten, ›du bist sowieso in meiner Gewalt‹. (...)

Der Teufel als geistiges Wesen, so schloß er, kann sich der unwillkürlichen Bewegung von Menschen bedienen, da diese dem Willen des Menschen nicht unmittelbar unterstellt sind. Er kann sie in den Dienst seiner Ausdruckswünsche nehmen. Gerade dadurch kann er gefühlsmäßig Mißverständnisse zwischen anderen Menschen herstellen. Jemand lächelt zum Beispiel harmlos. Der andere fühlt sich ausgelacht. Keiner von beiden durchschaut, daß der Teufel seinen Anteil an dieser Verzerrung der Wahrnehmung hat.«[40]

Aus diesem Fallmaterial wird bereits eine ganze Reihe von Krankheitserscheinungen ersichtlich, die zwangsneurotische Züge verraten wie im Falle des Künstlers oder psychoseartige Einbrüche wie bei dem Mädchen. Der Krankheitsprozeß führt zu einer verzerrten Wahrnehmung und seiner Deutung in bezug auf das eigene Ich. Innerseelische Konflikte werden in die Außenwelt projiziert. Aus den subjektiv ausgedeuteten Vorstellungen der Kranken läßt sich wie in einem Zerrspiegel die Konfliktlage erkennen.

Wie immer man die Neurosen auch klassifizieren mag, sie geben einen speziellen Nährboden für die Ausgangslage der Krankheitsausprägung ab. Hinzu kommen aus der jeweiligen Umwelt gewachsene Bezugssysteme bzw. deren Gegenbilder.

7. Überlegungen zu einer psychopathologischen Klassifikation

Eine klassisch-etikettierende Einteilung nach Aktualneurosen, Psychoneurosen und traumatischen Neurosen (Freud) kann zwar nach Stärke und Dauer des auslösenden Konfliktes und der Art seiner Verarbeitung unter-

[40] R. Bock, Der Teufel – ein verdrängter Komplex? in: O. Schatz (Hrsg.), Parapsychologie, Graz/Wien/Köln 1976, 159 f.

scheiden, wie z. B. Angstneurosen, Hysterie, Zwangsneurosen u. a. Aber eine derartige typisierende Erfassung, so erhellend sie auf den ersten Blick erscheint, sieht sich mit den Alltagsproblemen der Praxis konfrontiert, in denen der Typus sich selten rein repräsentiert, sondern meist in Mischformen auftritt.

Hinzu kommt das individuelle Bedingungsgefüge. Formal lassen sich natürlich sogenannte traumatische Neurosen, die mit einem spezifischen Schock oder einer plötzlich auftretenden »unverträglichen Vorstellung« beginnen, wohl von »schleichenden« Entwicklungen unterscheiden, aber die bedeutsamen individuellen Inhalte, die »Fixierungspunkte« des Einzelfalles, lassen sich nur aus der jeweiligen Lebensgeschichte herausarbeiten.

Ähnliches gilt für psychotische Entwicklungen. Von der sogenannten »Einheitspsychose« (Griesinger, 1817–1868) ist man längst abgekommen; formale Unterscheidungskriterien (Kraepelin, Bleuler) nach exogenen, d. h. von außen verursachten, und endogenen, innerpsychisch sich entwickelnden Psychosen mögen zwar für eine medikamentöse Behandlung Bedeutung besitzen, entpflichten aber nicht, dem therapeutisch orientierten Verständnis der Ganzheit des Menschen, insbesondere der individuellen »Entstehungsgeschichte« Rechnung zu tragen. Auch bei der Depression, bei der sich Schuldgefühle nach innen, gegen das eigene Ich richten, oder bei dem Verfolgungswahn, der diese Schuldgefühle nach außen projiziert und auf sich zurückbezieht, hat eine psychotherapeutische Behandlung nur Chance auf andauernden Erfolg, wenn sie – gleich welcher Ausrichtung – die individuellen »Kristallisationspunkte« des Krankheitsgeschehens mit einbezieht.

Gemeinsam ist allen diesen Krankheitsgeschichten im Vorfeld der »dämonischen Besessenheit« – und nicht nur dort – eine Schwächung, wenn nicht ein Zerfall des eigenen Ich. Man kann dieses Ich einmal sehen als einen Prozeß von verschiedenen Krankheitsformen, die sich entfalten, ausprägen und zu einer Dissoziation und Verselbständigung führen. Zweitens wird aus dieser Entwicklung das eigene Ich oder Selbst Gegenstand der subjektiven Wahrnehmung. Dem folgt eine Selbstinterpretation, die versucht, auseinanderklaffende oder bereits verselbständigte Strebungen zu integrieren. Drittens muß in die Betrachtung miteinbezogen werden eine Koorientierung zwischen Selbstinterpretation und kulturellen sowie religiösen Zeitströmungen, seien diese nun an amtlichen Verlautbarungen orientiert im Sinne eines allgemeinen normativen Einverständnisses oder aber in Abhebung dazu an religiösen Subkulturen.

Wenn man sich vor Augen hält, daß diese Kranken um ein Selbstverständnis ringen, das ihre als widersprüchlich erlebten Antriebe und Strebungen integrieren soll, dann darf man nicht den »Induktionseffekt«[41] übersehen, der durch die Tradition oder angeblich »neue« Interpretationen angeboten wird.

8. Das Phänomen des Persönlichkeitswechsels und das Auftreten multipler Persönlichkeiten in der psychopathologischen Forschung

Vielen Lesern wird das Problem des Persönlichkeitswechsels wahrscheinlich durch die unterkühlte literarische Darstellung von R. L. Stevensons »seltsamen Fall des Dr. Jekyll und Mr. Hyde«[42] bekanntgeworden sein. Dr. Jekyll, ein aufopfernder Arzt, experimentiert und entdeckt eine Droge, die ihn in den bösen Mr. Hyde verwandelt, der die unausgelebten Antriebe des Arztes – bis zum Mord – verwirklicht. Ein weiteres Medikament bewirkt die Rückverwandlung, doch im weiteren Verlauf wirken die Drogen nicht mehr; Mr. Hyde (»der Verborgene«) verselbständigt sich, begeht schließlich in seiner Ausweglosigkeit Selbstmord.

Entkleidet man die Darstellung literarischer Motive, so bleibt ein harter Kern von Sachverhalten, die in der psychopathologischen Forschung sehr wohl bekannt sind.

Sichtet man das vielfältige Material, so lassen sich für einen Persönlichkeitswechsel und das Auftreten von Doppel- oder multiplen (mehrfachen) Persönlichkeiten drei Ursachen voneinander unterscheiden.

Die wohl am leichtesten einsehbare Ursache ist eine plötzliche physische Schädigung (z. B. Unfall) mit einer retrograden Amnesie. Der Patient erinnert sich an nichts mehr, hat sein früheres Leben und sein Sprachvermögen völlig verloren. Als Beispiel ist der Fall von Thomas C. Hanna bekannt, der von Sidis und Goodhart[43] mitgeteilt wurde.

Als zweite Variante für das Auftreten eines Persönlichkeitswechsels ist ein psychisches Trauma, ein seelischer Schock, verantwortlich, der nicht verarbeitet werden konnte.

Drittens kann eine allmähliche Aufspaltung der Persönlichkeit induziert werden. Dies geschieht einmal durch die Vorgabe bestimmter Rollenvorschriften, wie z. B. bei Medien in spiritistischen Sekten[44], oder durch die

---

[41] J. Ehrenwald, Der doktrinäre Induktionseffekt in der Psychotherapie und in den Naturwissenschaften. Zeitschr. für Parapsychol. u. Grenzgeb. d. Psychol. (1958/59) 127–144.

[42] R. L. Stevenson, Der seltsame Fall des Dr. Jekyll und Mister Hyde, Nachdruck Desch Verlag, München/Wien/Basel, Bd. Nr. 695 A.

[43] B. Sidhis and S. P. Goodhart, Multiple Personality, New York 1905.

[44] Vgl. auch die in Anm. 11 genannten Beiträge von H. H. Figge.

Anwendung einer Reihe von Techniken, die zu einer Dissoziation der menschlichen Psyche führen. Ein Modellfall dieser Art wird uns später noch beschäftigen.
Nun gibt es noch eine weitere Kategorie von Fällen, bei denen ein Persönlichkeitswechsel anscheinend »spontan« auftritt: Zunächst sind keine hinreichenden Ursachen ersichtlich, erst im Verlauf der Behandlung läßt sich dann allmählich ein ganzes Netzwerk psychodynamischer Prozesse aufdecken, die sich verselbständigt haben.
Wie sieht das in der Wirklichkeit aus? Die beiden amerikanischen Psychiater Thigpen und Cleckley[45] haben einen derartigen Fall aus ihrer Praxis ausführlich beschrieben als die »drei Gesichter Evas«. Bedeutende Psychologen wie Osgood und Luria[46] haben die Patientin während der Behandlung mit verschiedensten umfangreichen Prozeduren psychodiagnostisch untersucht.
Eva White, die Patientin, die ärztliche Hilfe aufsuchte, war ernst, bescheiden, »in gewisser Hinsicht fast heiligenhaft«. Das Auftreten war zurückhaltend, die Kleidung peinlich sauber, aber wenig modisch. In ihrer Ausdrucksweise war Eva White sehr gewählt, vorsichtig, nuanciert.
Und dann geschah eines Tages während einer Sprechstunde eine eigenartige Verwandlung, über welche die beiden Autoren berichten:
»Plötzlich veränderte sich die ganze Haltung. Der Körper versteifte sich langsam, bis sie stramm und aufrecht dasaß. Dann kam ein fremder und unerklärlicher Ausdruck in ihr Gesicht, und der wurde plötzlich wieder ausgelöscht. Die Gesichtszüge machten eine kaum sichtbare langsame und zitternde Verwandlung durch. Einen Augenblick hatte sie einen Ausdruck von etwas Geheimnisvollem. Während sie die Augen schloß, fuhr sie zusammen und legte die Hände an die Schläfen, drückte stark und rang die Hände, als ob sie einen plötzlichen Schmerz bekämpfen wolle. Ein leichtes Zittern ging durch den ganzen Körper. Dann ließ sie sich ruhig fallen. Sie entspannte sich in einer richtig bequemen Stellung, die der Arzt früher niemals bei der Patientin gesehen hatte. Ein Paar blaue Augen blinkten ihn an. Ein kleines keckes Lächeln: Und mit einer klaren unbekannten Stimme, die förmlich sprühte, sagte die Frau: ›Hallo, Doktor!‹ Mit einem weichen und verblüffend intimen kleinen Lachen schlug sie die Beine übereinander, wobei sie nachlässig den Rock hochschlug. Ohne Hast glättete sie die Falten

---

[45] C. H. Thigpen and H. M. Cleckley, The three Faces of Eve, London/Kingsport 1957.
[46] C. E. Osgood and Z. Luria, A blind Analysis of a Case of multiple Personality using the semantic Differential, in: Personality Assessment, Hrsg. B. Semeonoff, Penguin Modern Psychology 8/6, 1966, 297–319.

über den Knien, in einer Weise, die schelmisch und beinahe etwas herausfordernd wirkte. Ihr Gesicht war frisch und merkwürdig frei von den Sorgenfalten, dem Ernst und der Gespanntheit, die das Gesicht der jungen Frau charakterisierten, die in mein Sprechzimmer gekommen war.«[47]
Eva Black, die Gegenspielerin von Eva White, war eitel, infantil und ichbezogen. Ihre Sprache war grob, ordinär und unkultiviert. Bewegungen, Ausdrucksverhalten und Kleidung hatten stets etwas von einer sexuellen Herausforderung.
In der ersten Untersuchung von Osgood und Luria erwies sich die später auftretende, dritte Persönlichkeit, »Jane« genannt, Eva White sehr ähnlich. Später – im Verlauf des Therapieprozesses – war sie die konstanteste Persönlichkeit, Eva Black hingegen veränderte sich. Für Eva White stellte Jane im Laufe der Zeit eine Art Integrationsfigur dar, welche die ursprüngliche Patientin immer mehr akzeptieren konnte. Am Ende des Heilungsvorganges übernimmt das erweiterte Bewußtsein der Eva White die vorher auseinanderstrebenden Antriebe und Wertsysteme. Das, was von ihr zu Beginn der Krankheit als »böse« angesehen und verdrängt war, wird in ihre »neue«, wiederhergestellte Persönlichkeit integriert.
Es wäre verlockend, ist aber in diesem Beitrag nicht möglich, auf die Erlebnisperspektive der Patientin näher einzugehen. Eine solche Selbstbiographie in dem nahezu gleichartigen Fall der Miß Beauchamp[48] liegt vor, zusätzlich die von »außen« stammenden Urteile des Krankheitsverlaufes von Psychiatern[49]. Man mag einwenden, dies seien Einzelfälle. Aber ein Überblick über 77 Fälle von Persönlichkeitswechsel oder -spaltung anhand der psychopathologischen Literatur kann verdeutlichen, daß der Sachverhalt selbst im profanen Raum durchaus einen Vergleich mit Fällen von Besessenheit aus dem gleichen Zeitraum standhalten kann – vorausgesetzt, man studiert die einschlägigen Berichte.
Die sehr differenzierte Zusammenstellung von Taylor und Martin[50] habe ich bis zum Stand der Manuskripterstellung weiter ergänzt und auf einige mir wesentlich erscheinende Aspekte reduziert (vgl. Tab. 3).

---

[47] The three Faces of Eve, 21 f.
[48] M. Prince, My Life as a dissociated Personality von B. C. A., Journal of abnormal Psychology III, Nr. 4 und 5, 240–260, 311–334.
[49] M. Prince, The Development and Genealogy of the Miss Beauchamp, Proceedings of the Society for Psychical Research, 1901, Bd. XV, 466 ff; ders., Miss Beauchamp, Theory of the Psycho-Genesis of multiple Personality, Journal of abnormal Psychology, Bd. XVI, Nr. 1, 1920.
[50] W. S. Taylor and M. S. Martin, Multiple Personality, Journal of abnormal and social Psychology, 1944, 39.

Drei Gesichtspunkte waren dabei maßgebend: die Zahl der in den Untersuchungen aufgetretenen Persönlichkeiten, ihre Kennzeichen sowie die Bewußtseinsverhältnisse zwischen den wechselnd auftretenden Persönlichkeiten.

Tabelle 3: *Analyse von 77 Fällen von Persönlichkeitsspaltung**

1. *Zahl der alternierend auftretenden Persönlichkeiten*

Zahl der Persönlichkeiten	2	3	4	5	6 und mehr	
N = Fälle	48	12	6	5	6	77

2. *Kennzeichen der alternierend auftretenden Persönlichkeiten*

	Wertsysteme und Sozialverhalten unterschiedlich	Wechsel »gut« – »böse«	Wechsel männl. – weibl. Wesenheiten
N**	66	39	40

3. *Bewußtseinsverhältnisse zwischen alternierend auftretenden Persönlichkeiten*

	Modell A: wissen nichts voneinander	Modell B: wissen voll voneinander	Modell C: eine weiß von der anderen, nicht umgekehrt	Modell D: gemeinsame Schnittmenge des Wissens voneinander
N**	40	23	33	7

* Die Tabelle wurde auszugsweise entnommen aus Taylor and Martin, Multiple Personality (vgl. Anm. 50), und weiter ergänzt bis 1972.
** Die Zahl der Fälle kann die Summe von 77 überschreiten, da mit dem Auftreten von drei und mehr Persönlichkeiten kompliziertere Bewußtseinsverhältnisse zwischen den einzelnen Persönlichkeiten einhergehen können.

Tabelle 3 scheint sich vor dem bisherigen Hintergrund selbst zu interpretieren.
Kennzeichnend ist ein sehr starker Anteil von Fällen, bei denen eine Zwiespältigkeit zwischen einander entgegengesetzten Wertsystemen besteht.

Der Fall Eva White steht nur als Beispiel. Wenn auch unterschiedliche Antriebe auseinanderklaffende Strebungen mobilisieren, so zeigen selbst drei und mehr »Persönlichkeiten« bei einer differenzierten Analyse nur verschiedene Variationsmöglichkeiten eines Grundthemas der menschlichen Natur, die aufgrund der Spielregeln der Gesellschaft in »gut« und »böse« aufgespalten werden, weil eine Integration, eine Akzeptierung der »dunklen Seiten« bei dem jeweiligen Bewußtseinszustand, nicht in Kauf genommen werden kann.
Mir scheint es wichtig, in einem fortschreitenden Prozeß der Aufhellung die subjektive Erlebniswelt der Betroffenen zu Worte kommen zu lassen und dabei, immer deutlicher werdend, »Außen«- und »Innenperspektive« miteinander zu verknüpfen.
Dies geschieht zunächst im Raum der profanen Wissenschaften. Eine kritische Reflexion wird dann überleiten können zu Besessenheitsfällen, denen eine theologisch orientierte Behandlung zuteil wurde.

9. Die Persönlichkeitsspaltung der Doris Fischer

Es begann damit, daß Doris Fischer, 20 Jahre alt, noch unter den Folgen einer Fußknöcheloperation leidend, an einem Sonntag im Spätwinter 1909 statt in eine Methodistenkirche versehentlich in eine Episkopalkirche in Pittsburgh humpelte. Während der Predigt des Dr. W. F. Prince, damals Oberpfarrer dieser Gemeinde, hörte das schwer gestörte Mädchen aufmerksam zu, anschließend nahm sich Frau Prince, die sich seltsam zu dem hilflosen Geschöpf hingezogen fühlte, ihrer an; ein halbes Jahr später wurde Doris Fischer in das Pfarrhaus eingeladen, schließlich blieb sie dort als Dauergast.
Bemerkenswert ist das Eingeständnis von Dr. Prince: »Von mir wurde das Mädchen monatelang kaum beachtet. Ich stellte aber viele Eigenheiten fest und betrachtete sie mit dem gewöhnlichen philisterhaften Zynismus.«[51]
Als der Zustand von Frau Prince wegen der belastenden Pflege des Mädchens beunruhigend wurde, mußte ihr Gatte einspringen. Dr. Prince stellt fest, »wie eine boshafte Stimme Drohungen äußerte und mit den Händen den Körper zu verletzen suchte«[52]. Dann wieder wechselte der gequälte Ausdruck bei der Patientin über in ein verzücktes Lächeln mit zärtlichen Bitten: »Mutter, verlaß mich nicht!« Kaleidoskopartig traten »entsprechen-

---

[51] M. Prince und W. F. Prince, Die Spaltung der Persönlichkeit, Stuttgart 1932, 77.
[52] A.a.O. 54.

de Änderungen der Stimme, des Gesichtsausdruckes und des Benehmens« zutage, unter anderem die wiederholt vorgebrachte Äußerung: »Vati, schlage mich nicht!« Dr. Prince führt fortan sorgfältig Protokoll.

Im Verlauf der nachfolgenden Behandlung wurde ein erster »psychoneurotischer Spaltungsschock« bei Doris im Alter von drei Jahren festgestellt. Ihr Vater hatte das Kind in einem seiner schrecklichen Betrunkenheitszustände beim Zubettbringen aus den Armen der Mutter gerissen und heftig auf den Fußboden geschleudert. Seit dieser Zeit stellten sich die ersten Spaltungserscheinungen ein.

Ein zweiter Spaltungsschock traf das Mädchen im Alter von 17 Jahren. Doris war am Morgen zur Arbeit gegangen, ihre Mutter, bis dahin völlig gesund, legte sich gegen 14 Uhr wegen Unwohlseins zu Bett. Zur gleichen Zeit hatte die Tochter eine »okkulte Wahrnehmung«; sie folgte diesem Impuls, ließ sich sofort von der Arbeit dispensieren und kam lange vor der gewöhnlichen Zeit zu Hause an. Gegen 2 Uhr nachts starb die Mutter. Anwesend waren der volltrunkene Gatte und die 17jährige Doris.

Das Mädchen brachte es trotz rasender Kopfschmerzen fertig, die entsprechenden Anordnungen zur Beerdigung der von ihr geradezu vergötterten Mutter zu treffen. Fast unmittelbar danach empfand sie einen furchtbaren Schmerz in ihrer linken Gehirnhälfte, eine neue Persönlichkeit, »Sick Doris«, d. h. die kranke Doris, übernahm die Regie des Erlebens und Verhaltens.

Diese Persönlichkeit »war wie ein Mensch, der mit erwachsenem Körper und einem vernünftig fragenden Verstand, aber ohne die geringste Erinnerung und ohne das geringste Wissen auf die Welt kommt«[53]. Sie erinnerte sich an kein einziges Wort ihrer früheren Sprache, betastete die Gegenstände mit den Fingern, wußte nicht, wie man ißt. Sie konnte sich weder an- noch auskleiden. Freude und Kummer waren aus ihrem Erlebnishorizont verschwunden. – Nur eine Gestalt fesselte sie: der Leichnam ihrer Mutter. Sie suchte nach Gelegenheiten, um auszuprobieren, ob sie ihn nicht veranlassen könnte, sich wieder zu bewegen.

Ein dritter Spaltungsschock, dessen neurologische Auswirkung nicht abgeklärt wurde, von dem aber psychologische Folgeerscheinungen nicht zu leugnen sind, ereignete sich beim Sturz auf einer Treppe; Doris fiel und schlug mit dem Kopf heftig auf einen irdenen Krug.

Das Symptombild der Kranken hatte sich durch das Auftreten von fünf einander ablösenden Persönlichkeiten ungeheuer kompliziert: die »wahre Doris« verschwand für zwei Monate nach dem Tod der Mutter, die »kranke

---

[53] A.a.O. 71.

Doris« setzte auf einem hilflosen Niveau eine Überlebensstrategie fort, »Margret« tauchte auf, als Wiederkehr des mit drei Jahren erlebten Spaltungsschocks, die »schlafende Margret« sprach nur mit geschlossenen Augen, reagierte aber mit tiefgreifenden Veränderungen ihrer Gefühle, und neben der zeitweise verschwundenen »wirklichen Doris« gab es eine »schlafende Doris«, die Anteile der »wahren Doris« und der »kranken Doris« durch Stimme, Gesichtsausdruck und Verhalten widerspiegelte.
Ein in der Tat höchst komplexer Fall, mit dem sich Dr. W. F. Prince konfrontiert sah. Dank der minutiösen Buchführung und sorgsamen Protokollierung ist es möglich – zumindest anhand einer tabellarischen Zusammenfassung –, die Inanspruchnahme und Betreuung zu dokumentieren (Tab. 4).

Tabelle 4: *Die Persönlichkeitsspaltung der Doris Fischer*

	Dauer der tägl. Anfallszeit	Monatl. Zahl der Verwandlungen	Tägliche Dauer der »wahren Doris«
1.–3. Monat	15 Std. 55′	438	8 Std. 5′
1. Jahr	9 Std. 30′	298	14 Std. 30′
2. Jahr	2 Std. 40′	153	21 Std. 20′
3. Jahr	1 Std. 26′	94	22 Std. 34′
4. Jahr	48′	57	23 Std. 12′

Bei den in der Tabelle angegebenen Werten handelt es sich um Mittelwerte, die ich aus dem reichhaltigen Zahlenmaterial von W. F. Prince zur Vereinfachung berechnet habe.

Der erste Heilungserfolg begann mit einer Hypnosetherapie der »schlafenden Margret« dank eines fachkundigen Psychiaters. Entscheidende Hilfestellung aber leisteten Frau und Herr Dr. Prince durch die Aufnahme in ihre Familie und die gezielten Suggestionstherapien. Was alles in dieser Zeit im einzelnen geleistet wurde, läßt sich hier – mit allen Rückfällen – nicht ausleuchten. Trotzdem: Am Ende des Heilungsprozesses steht wieder Doris Fischer, physisch gesund, mit wiedererlangter geistiger Spannkraft. Weder dem Neurologen noch dem Psychologen »würde es einfallen, daß die ›wahre Doris‹ kaum fünf Jahre vorher in einer seltsamen und beklagenswerten Verfassung war, daß sie sich damals auf dem Gipfelpunkt einer 19 Jahre dauernden psychischen Spaltung befand«[54]. So urteilt der damalige Oberpfarrer der Episkopalkirche in Pittsburgh, und ähnlich – wie er – Fachpsychiater. Dies ist keineswegs der einzige Fall, in dem – selbst unter schwierigsten Voraussetzungen – eine dauerhafte Heilung erzielt wurde.

Weshalb ich ihn ausgewählt habe? In einem anderen Milieu, unter anderen Vorannahmen und Interpretationen, wären die mit boshafter Stimme und Selbstverletzungen einhergehenden Auffälligkeiten möglicherweise dämonisiert worden. Der Vergleich mit der Dämonenaustreibung bei der Gottliebin Dittus durch Blumhardt (vgl. S. 136 ff) gibt hier zum Nachdenken Anlaß; die vielen Parallelen zwischen den beiden Krankheitsgeschichten regen zu einem kritischen Vergleich an.

Kritik aber darf im Falle der Doris Fischer nicht vorbeigehen an der zeitgenössischen Auffassung von »Persönlichkeitsspaltungen«. Sie war damals »modern«, obwohl sie nur ein Etikett für höchst komplizierte psychische Mechanismen und deren Äußerungsformen darstellt. Ob derartigen Ausdrucksformen entsprechende Erwartungen seitens der Ärzte gegenüberstanden, vermag ich nicht zu entscheiden, ausschließen kann man sie jedoch nicht. Aufschlußreicher als Krankheitsmodelle sind jedoch subjektive Erlebnisberichte, aus denen die »Entstehungsgeschichte« schwerer psychischer Konflikte verstehbar wird.

10. Zur Entstehung der Besessenheit: die innerseelische Wirklichkeit bei Besessenen

Es war im Jahre 1642, als unter den Nonnen des Klosters vom hl. Ludwig von Louvier sonderbare Geschehnisse ihren Anfang nahmen. Schwester Barbe de Saint Michael erblickte mehrmals zur Nachtzeit eine große Anzahl von Lichtern angezündet. Auf dem Wege zur Kommunion sah sie sich von einer Anzahl von Phantomen verfolgt. Bald sahen auch andere Schwestern diese Phantome, so Schwester Maria de Saint Nicolas und Schwester Anna de la Nativité.

Und dann zeigten sich in dieser Gemeinschaft spukähnliche Vorgänge: In der Küche fielen Schüsseln und Töpfe zu Boden, ohne daß man sie berührte. Vor den Augen der Oberin und der anderen Schwestern geschahen diese Dinge, ohne daß man sich eine Erklärung für die sonderbaren Geschehnisse ausdenken konnte.

---

[54] A.a.O. 131.

Wir sehen hier: Die Spukerscheinungen beginnen in der Küche – einem Raum und einer Sphäre, die dazu dient, vitale Bedürfnisse der Schwestern zu stillen.
Und dann springt der Spuk um: von der Küche in den Raum des Sakralen. Bei der Schwester Anna de la Nativité wurde während des Gottesdienstes vier- bis fünfmal ihr Brevier im Chor von ihr geworfen, ohne daß sie sich im geringsten bewegte. Reliquien, die sie bei sich trug, wurden ihr vom Halse gerissen, obwohl sie dort von der Oberin wiederholt mit drei Knoten im Namen der Trinität festgebunden wurden. Der Schwester Maria de Saint Nicolas wurden die Ordensregeln aus ihrem Ärmel gerissen und weggeworfen, ihr Rosenkranz löste sich und flog ebenfalls davon. Dies sind nur wenige Vorkommnisse aus der Vielzahl der überlieferten Geschehnisse.
Im Gefolge dieser unheimlichen Ereignisse gerieten achtzehn Nonnen des Klosters in einen tranceartigen Zustand, sie zeigten Konvulsionen, schrien – kurz, es zeigten sich alle Symptome einer »klassischen« Besessenheit. Fast fünf Jahre lang dauerten diese außergewöhnlichen Vorgänge im Kloster an.
Man würde hier vielleicht an eine fromme Legende denken können, aber es liegt mir der Bericht eines bekannten französischen Psychiaters vor, der im Jahre 1940 ähnliche Beobachtungen machte und sorgsam protokollierte[55]. Auch dort begann der Spuk innerhalb des klösterlichen Rahmens zunächst mit einer diffusen Ankündigungssymbolik – wie Klopfen und Schläge an Türen und Wänden – und setzte sich dann in den Raum des Religiösen bis in den Gottesdienst fort. Allein der überaus nüchternen Schwester Oberin ist es zu danken, daß in diesem Falle eine epidemische Ansteckung verhindert werden konnte und das spukauslösende junge Mädchen – an einem anderen Ort – eine individuelle, liebevolle Betreuung erfahren konnte, mit demselben Effekt wie eine gelungene Therapie unter Anleitung eines erfahrenen Therapeuten.
Was sind nun die Gemeinsamkeiten zwischen 1640 und 1940? Unter dem Gesichtspunkt der Tiefenpsychologie ist es wichtig, nach dem Sinn, nach der Bedeutung der außergewöhnlichen Vorkommnisse zu fragen, so wie ja auch innerhalb der psychosomatischen Medizin nach der Bedeutung des Symptomcharakters gefragt wird. Der einzige Unterschied zwischen den »Fixierungspunkten« besteht darin, daß sich im Falle der Spukgeschehnisse das Symptom in den äußeren Raum fortsetzt, während es bei einer psychosomatisch bedingten Krankheit am eigenen Leib ausgetragen wird.

---

[55] L. Christiaens, War es ein Geist? in: Neue Wissenschaft, 9 (1960/61) Heft 3, 1–16.

Unsere zweite Überlegung, die zu einem tieferen Einblick und Verstehen führen soll, knüpft an die Tagebuchaufzeichnungen Besessener an. Auch hier haben wir bei den besessenen Nonnen von Louvier authentische Zeugnisse, Tagebuchaufzeichnungen der einzelnen Schwestern, aus denen ich eine herausgreife, die mir geradezu repräsentativ zu sein scheint für das, was von den Betroffenen erlebt wird. Ich zitiere im folgenden die Tagebuchaufzeichnungen der Schwester Maria vom Hl. Sakrament, aufgezeichnet zwischen 1642 und 1647. Mit Fug und Recht kann man behaupten, daß die moderne Tiefenpsychologie hier nicht Feder geführt hat.

Im Anschluß an die Spukphänomene hört Schwester Maria zunächst Stimmen, dann hat sie Halluzinationen. Es erscheint ihr der Geist einer verstorbenen Mitschwester, der Gebete erbittet, sie halluziniert Betreuerinnen, die den Auftrag hatten, sie zu pflegen, und dann manifestieren sich bei ihr, laut Tagebuch, andere Gestalten, die ihr mitteilen, die Hölle sei eine Erfindung der Menschen, die hienieden nicht anders gewußt hätten, Ordnung zu halten, die wahre Hölle sei vielmehr auf Erden und dort finde sich auch das Paradies. Es sei deshalb eine große Torheit, gegenwärtige Güter einer phantastischen Jenseitshoffnung willen hinzugeben, die Seele müsse mit dem Leibe sterben.

Mitten zwischen diese so modern anmutende materialistisch-atheistische Botschaft und die bei der Schwester einsetzende innere Ratlosigkeit schiebt sich zum ersten Mal ein erotisches Motiv: Sie halluziniert den Beichtvater, der in ihrer Zelle erscheint und ihr eine förmliche Liebeserklärung macht. Sie ist entsetzt und vertreibt die Halluzination durch das Kreuzzeichen.

Wenig später taucht eine neue »Führerpersönlichkeit« auf: »Eines Tages in der Morgenfrühe erhellte ein Glanz wie von einer sommerlichen Morgenröte meine Zelle und ein schöner Jüngling von 15 bis 16 Jahren erschien mir in ihr, der mich anmutig begrüßte, sagend, er sei zu meinem Schutze gesendet, weil ich Gnade vor Gott gefunden, dem genehm gewesen, was ich seither getan. Er wolle mich aber nun weiter führen und habe ihn darum zu mir geschickt.«[56]

In der Folgezeit entwickelt sich eine sehr lebhafte religiöse Konversation zwischen der Schwester Maria und ihrem »Führer«, man spricht über die Mutter Gottes, die Engel, die menschliche Natur und das Wesen Gottes. Dann berührt der Jüngling ihr Herz, »um es zu stärken und in Liebe zu befestigen«, kurze Zeit später sagt er, »gib mir deine Zunge, daß ich sie berühre und festige«, und dann berührt er die Augen. Und in einer der

[56] J. v. Görres, Die christliche Mystik, Bd. 5, S. 316–328.

nachfolgenden Sitzungen sagt er: »Meine Tochter, meine Vielgeliebte, liebst du mich – dreimal mit süßer Stimme nacheinander. Ich verlor jedesmal den Gebrauch der Sinne, er mußte durch Berührung mich wieder zu mir bringen.«

Der Schwester kommen allmählich ob dieser so ergreifend erotischen Begegnung Gewissensbisse, sie setzt sich über das Verbot des »englischen« Jünglings hinweg und unter großen Hemmungen berichtet sie ihrem Beichtvater ihr Geheimnis. Dieser sagt darauf: »In Wahrheit, meine Tochter: dieser Engel ist der Teufel selber.«

Ein ungeheures Zittern befällt Schwester Maria, ihre Zähne schlagen aneinander, sie kann nicht reden. Der Beichtiger spricht Gebete und Exorzismen über die Schwester, und dann folgen die Symptome der Besessenheit, der »Kampf gegen den Teufel« beginnt.

11. Analyse der subjektiven Erfahrung

Was vollzieht sich, wenn wir diese Geschichte – ein Stück subjektiv erlebter Biographie – aus dem Blickwinkel der Tiefenpsychologie aufzuhellen versuchen?

Ihre erste Halluzinationsserie knüpft an das epidemische Geschehen an, das sich vorher bei anderen Schwestern ereignet hatte. Dann aber wird die subjektive Erlebnisabfolge spezifischer: Es treten Zweifel auf bezüglich der »Ortung« von Himmel und Hölle. Existentielle Fragen ihres bisherigen Lebens werden in Zweifel gezogen, die rationale Bewältigung gelingt nicht; unbewußte Wünsche, Hoffnungen und Bedürfnisse führen in eine dritte Phase der weiteren Entwicklung.

Die erotische und sexuelle Frustration der Schwester in ihrem klösterlichen Leben provoziert eine halluzinatorische Wunscherfüllung in Form des Beichtvaters, der ihr eine Liebeserklärung macht.

Auf diese Impulse bedürfnisorientierter Strebungen folgt eine Reaktion des strafenden Gewissens. Die Schwester vertreibt die Halluzination durch das Kreuzzeichen.

Unter dem Gesichtspunkt der innerseelischen Dynamik betrachtet, hat jedoch keine Verarbeitung stattgefunden, sondern es handelt sich um eine primitive Abwehrreaktion.

Wenig später zeichnet sich in einer weiteren Phase ein scheinbarer Kompromiß ab, der zu einer immer weiteren Entfernung von der Wirklichkeit des Lebens führt. Der engelhafte Jüngling erfüllt die Ansprüche des Gewissens (Über-Ich), indem er eine Konversation über religiöse Dinge führt, und

erfüllt die Ansprüche der Bedürfnislage (das »Es« im Freudschen Sinne), indem er ein zärtliches Liebesspiel im vorsexuellen Bereich veranstaltet.
Vom Verlauf her gesehen verstärkt sich der erotische Kontakt, bis er an der bedeutsamen Schwelle – jenem Übergang von der Sphäre des Erotischen zur endgültigen Sexualisierung – zum erneuten Konflikt führen muß. Durch die Stellungnahme des Beichtvaters vollzieht sich schlagartig eine Pseudo-Bewußtmachung, es erfolgt die Dämonendeutung der sexuellen Impulse. Sie führt nicht zu einer innerseelischen Verarbeitung, sondern zu einem Rückschritt, zu einer Regression.
Es ist kaum daran zu zweifeln, daß erst die Dämoneninterpretation des Beichtvaters den Umschlag vom »Engel« zum »Teufel« provozierte und der nachfolgende Exorzismus eine Bekräftigung im Sinne der Lerntheorie dargestellt hat. Und aus der heutigen Perspektive müßte man kritisch fragen, ob nicht die Dämoneninterpretation und ihre Therapie nach dem Rituale Romanum zu einer immer weiteren Aufsplitterung psychischer Komplexe führt, die dann, personalisiert, unbewußte Produktionen der Psyche der Besessenen hervorlockt.

III. DIE KERNPROBLEMATIK BEIM EXORZISMUS

Als die Kernproblematik des Exorzismus – vor allem nach den Anweisungen des Rituale Romanum – sehe ich die Technik an, bei einer schwer gestörten, desintegrierten Persönlichkeit die Komplexe direkt anzusprechen. So wird es bei den Ausführungsbestimmungen des Exorzismus nach dem Rituale Romanum (ad 15) als unbedingt notwendig erachtet, Fragen nach der Zahl, dem Namen der bösen Geister zu stellen, nach der Zeit, wann sie eingefahren sind, der Ursache und anderem mehr.
Meine Kritik richtet sich zunächst gegen die dem Kranken aufgezwungene, implizite Theorie, daß als abgespalten erlebte oder verdrängte Antriebe als »Geister« oder »Dämonen« umdefiniert werden. Im therapeutischen Prozeß bedeutet dies zwar eine vorübergehende Entlastung für den Patienten, wenn als ichfremd erlebte Strebungen der eigenen Verantwortung enthoben werden. Aber die rituelle Kanalisierung provoziert geradezu mittelalterliche Teufelsschablonen, innerhalb derer nur ein teilweises Abreagieren möglich wird. Es wäre psychologisch überaus interessant zu prüfen, inwieweit ein Induktionseffekt besteht zwischen den Teufelsvorstellungen des Exorzisten und den auftretenden »Dämonen« bei den Besessenen.
Ein anderes Modell entwickelte 1922 Freud. Er untersuchte »Dämonen«

nachträglich an einer Teufelsneurose aus dem 17. Jahrhundert als »Abkömmlinge abgewiesener, verdrängter Triebregungen« und wollte sie »im Innenleben des Kranken, wo sie hausen«, analysieren[57].
Geht man probeweise von dieser Position aus, so wird in den einzelnen Etappen des therapeutischen Prozesses eine kathartische, befreiende Einsicht und zunehmende Integration widersprechender Antriebe möglich.
Verschließt man sich der analytischen Vorstellung, so bleibt prinzipiell die Gefahr einer Pseudobewußtmachung; das Angebot, normabweichende Strebungen im manifesten Verhalten zu verwirklichen unter mehr oder weniger dezidierten Vorstellungen des Exorzisten, kann den psychodynamischen Prozeß bei den Kranken nicht voll auffangen. Projektionen werden durch eine institutionelle Vorgabe längerfristig festgeschrieben; ohne klares Therapiekonzept zeigt sich bei den meist über längere Zeit sich erstreckenden Exorzismen ein »Versanden« zwiespältiger Antriebe. Dies läßt sich bei Rodewyk[58] und den Nachfolgeuntersuchungen leicht nachweisen. Im Falle Klingenberg endete der Exorzismus erst vor einem Grabhügel.
Das entscheidende Argument aber ergibt sich aus der Technik des insistierenden Befragens: wieviele Teufel, ihre Namen, wann »eingefahren«, aus welchem Grund. Wird hier nicht eine Verfahrensweise praktiziert, die erst die Geister ruft, die sie loswerden möchte?
In diesem Zusammenhang stellt sich die Frage, ob eine solche Form der Inquisition nicht einen Lernprozeß hervorruft, wie wir ihn aus der parapsychologischen Forschung bei spiritistischen Praktiken kennen. Eine »mediumistische Psychose«[59] kann künstlich induziert werden. Als ein Beispiel für viele kann der Fall Staudenmaier dienen.

1. »Der Teufel« – ein Produkt unterbewußter Komplexdarstellungen

Als wohl einmaliges Experiment an sich selbst können die Versuche Ludwig Staudenmaiers[60] angesehen werden. Dieser wache Experimentator, mit abgeschlossenen Staatsexamina in Theologie, Zoologie und Chemie, nimmt für sich das Recht in Anspruch, »die Grenze zwischen Natürlichem und

---

[57] S. Freud, Eine Teufelsneurose im 17. Jahrhundert. Ges. Werke, Bd. XIII, 318.
[58] Vgl. Anm. 1.
[59] H. Bender, Mediumistische Psychosen. Zeitschrift für Parapsychol. u. Grenzgeb. der Psychol. (1959) Nr. 2, 3–28.
[60] L. Staudenmaier, Die Magie als experimentelle Naturwissenschaft, Leipzig 1912, Nachdruck Darmstadt 1968; vgl. auch H. Ahlenstiel, Ludwig Staudenmaiers Experiment. Neue Wissenschaft 13 (1965) Heft 1, 11–24.

Übernatürlichem, zwischen pathologischen und wirklichen Teufeln möglichst weit zugunsten der Naturwissenschaften zurückzuschieben«.

Was tat nun Staudenmaier? Von einem Freund angeregt, beginnt er das »automatische Schreiben«, um hinter die Mechanismen spiritistischer Techniken zu kommen; nach dreiwöchiger Übung meldet sich ein »Geist«: »Julie Norne ist da.« Staudenmaier prüft diesen »Geist« dort, wo er es übersehen kann: in Chemie. Das automatische Schreiben wird als Konditionierungseffekt eingesetzt. Die Zahl der »Geister« nimmt zu, es melden sich »minderwertige«, ja selbst moralisch defekte oder bösartige Intelligenzen – Personifikationen der unterbewußten Psyche des Experimentators. Mit zunehmender Produktion tritt eine Reaktionsgeneralisation auf: Aus dem inneren Vorherwissen dessen, was geschrieben wird, entwickelt sich ein nahe am Ohr befindliches Vorherhören, es treten akustische, später auch optische und olfaktorische Halluzinationen auf. Staudenmaier ist in eine »mediumistische Psychose« geraten, die in ihren Formen und Auswirkungen anhand umfangreichen Fallmaterials untersucht wurde.

Parallel zu dieser fortschreitenden Aufsplitterung der eigenen Persönlichkeit treten psychokinetische Phänomene auf, die von Zeugen beobachtet wurden.

Aber der Experimentator gibt nicht auf. Aus dieser Phase berichtet er: »Einmal hatte ich, als ich im Bett lag, ganz deutlich das Gefühl, daß mir jemand eine Kette um den Hals schlinge. Gleich darauf nahm ich einen sehr üblen Schwefelwasserstoffgeruch wahr, und eine unheimliche Stimme sagte zu mir: Jetzt bist du mein Gefangener. Ich werde dich nicht mehr loslassen. Ich bin der Teufel.«

Aber noch hat Staudenmaier die Kontrolle über sich selbst nicht verloren. Er schreibt:

»Es konnte für mich kein Zweifel mehr bestehen, nach naiv-mittelalterlichen Begriffen war ich besessen. Dazu die verzweifelte Alternative, entweder mache ich grundlegende Entdeckungen, die geeignet sind, das Menschenrätsel von ganz neuen Gesichtspunkten zu beleuchten, oder ich bin ein Narr, der in unverantwortlicher Halsstarrigkeit Jahre seines Lebens, Gesundheit, vielleicht das Leben selbst opfert.«

Der kühne Experimentator hat sein Leben geopfert; die Verselbständigung der Dissoziation erwies sich als irreversibel, er starb, bis an sein Lebensende von Halluzinationen bedrängt, Jahre später in Rom.

Aus dieser Perspektive wäre zu fragen, ob nicht neben den psychodynamischen Zusammenhängen, wie sie aus diesem Bericht deutlich werden, die spezifische Ausprägung des Phänomens der Besessenheit an entsprechende gesellschaftliche Zusammenhänge, Interpretationen und Erwartungshaltungen geknüpft ist.

2. *Die »Dämonenheilung der Gottliebin Dittus« (1840–43)*

Gottliebin Dittus war 28 Jahre alt, ohne Vermögen und bewohnte mit drei gleichfalls ledigen Geschwistern, unter denen sich ein halbblinder Bruder befand, eine Mietwohnung in Möttlingen bei Pforzheim. Sie war an verschiedenen Orten als Dienstmagd beschäftigt, mußte aber ihre Tätigkeit infolge von Krankheiten (Nierenkrankheit, Gesichtsrose) 1840 aufgeben[61]. Sie wurde bettlägerig, ein Klopfspuk tritt auf, danach verfällt die Gottliebin in heftige Konvulsionen. Bei einem weiteren Besuch stellt der Pfarrer fest, daß »hier etwas Dämonisches im Spiele sei«. Eine Art Ingrimm packt ihn, er fordert die Kranke auf: »Wir haben lange genug gesehen, was der Teufel tut, nun wollen wir auch sehen, was der Name Jesu vermag.« Nach wenigen Augenblicken hörten die Krämpfe auf, die Patientin betete die Worte des Pfarrers nach. »Dies«, so sagt Blumhardt, »war der entscheidende Zeitpunkt, der mich mit unwiderstehlicher Gewalt in die Tätigkeit für die Sache hineinwarf.« Einen Tag später stellen sich die Krämpfe erneut ein. Die Patientin läßt eine Stimme hören, »die man augenblicklich als eine fremde erkennen mußte, nicht sowohl wegen des Klanges, sondern wegen des Ausdrucks und der Haltung in der Rede. Auf Befragen, wer da am Werke sei, zischt es aus ihr: ›Der Allerärgste‹.« Ein Gebetskampf beginnt, bei dem sich zunächst drei, dann sieben, später vierzehn, schließlich 425 Dämonen melden. Durch Bibellektionen und Gebet versucht der Pfarrer gegen diese »Dämonen« anzukämpfen. In der Nacht vor dem 25. Juni 1842 – um nur ein Beispiel herauszugreifen – dauert der Exorzismus von abends acht bis vier Uhr früh. Dann sinkt die Patientin zusammen, sie öffnet den Mund, und »es war, als spuckte sie einen Dämon nach dem anderen heraus ... es ging partienweise, ohne daß von meiner Seite und ohne daß ein Wort von den Dämonen gesprochen wurde«.

Als die Phänomene einige Tage später wieder beginnen, wird Gottliebin auf ihren Wunsch ins Pfarrhaus aufgenommen. Nach einer Phase der Ruhe beginnt es im Februar 1843 von neuem: Gottliebin erbricht Sand, Glasstücke, Brettnägel und andere Gegenstände. Obwohl Zeugenaussagen dafür sprechen, daß in einem hysterischen Dämmerzustand die Patientin nachts ein

[61] G. Sulzer, Ein Einblick in das Tun und Treiben der gottfeindlichen Geisterwelt – Bericht des Pfarrers K. Chr. Blumhardt an den Kirchenrat über die Krankheitsgeschichte der Gottliebin Dittus, Leipzig 1922.

Geldbüchslein entwendet und am nächsten Morgen unter heftigem Würgen Geld und Büchse erbricht, fragt Pfarrer Blumhardt nicht, wie die Gegenstände, die aus dem Mund der Gottliebin herauskamen, vorher hineinkamen.
In der Folgezeit zeigen die Schwester der Patientin sowie der halbblinde Bruder ähnliche Symptome. Der Höhepunkt ereignet sich gerade über Weihnachten (24. bis 28. 12.), wo ein Endkampf stattfindet mit dem Ergebnis, daß das Signal der Schwester Katharina: »Jesus ist Sieger«, den Kampf mit dem Satan beendet. Alle drei Kinder bleiben fortan im Pfarrhaus, sie fühlen sich an Kindes Statt angenommen.

3. Analyse der Phänomene

Überdenkt man die Krankheitsgeschichte der Gottliebin Dittus und die erst spät einsetzende Symptomatologie der beiden Geschwister, so stellt sich als erstes die Frage nach dem Milieuhintergrund.

Kulturspezifischer Hintergrund

Möttlingen besaß zur Zeit Blumhardts 130 Einwohner. Blumhardts Vorgänger, Pfarrer Barth, hatte als überzeugter Pietist wenige Jahre vorher ohne Erfolg eine religiöse Erweckungskampagne gegen Aberglauben, magische Praktiken und Hexerei durchgeführt. Die Gottliebin war angeblich sein liebstes Pfarrkind bis zu seiner Amtsaufgabe 1838, wohingegen Pfarrer Blumhardt zunächst einen eher ungünstigen Eindruck von ihr hatte.
Nur acht Meilen von Möttlingen entfernt lebte damals Friederike Wanner, die als Kerners »Seherin von Prevorst« berühmt wurde; sie starb, als die Gottliebin gerade mit 14 Jahren in der Pubertät war. Blumhardt kannte die Phänomene der Seherin, und er gibt selbst zu, daß er »ein besonderes Grauen vor den Erscheinungen des Somnambulismus« gehabt habe, »die so häufig ärgerliches Aufsehen und so wenig Gutes bisher geschafft haben«. Innerhalb seiner Pfarrei fand sich viel kirchlicher Sinn, aber auch eine »Pestilenz vor, die im Finstern schleicht«. Diese Pestilenz sei die Zauberei gewesen, welche von einzelnen Gemeindemitgliedern getrieben wurde, wodurch der Teufel eine große Macht über die Leute daselbst gewonnen habe.

Die psychische Realität der Patientin

Wichtiger noch als der kulturhistorische Hintergrund ist die innerpsychische Realität der Lebensgeschichte der Gottliebin, sind ihre subjektiven Erfahrungen und Deutungen.

Da ist zunächst der Sympathieumschwung: Bis zu ihrem dreiundzwanzigsten Lebensjahr erlebte sie Pfarrer Barth als eine ihr zugetane Bezugsperson. Dann erfährt sie, als Dienstmagd beschäftigt, eine Reserve durch seinen Nachfolger, gleichzeitig treten Krankheiten und finanzielle Schwierigkeiten auf.

Gottliebin sieht sich in einem »Netz von Zauberei« verfangen. Ihre Mutter habe ihr erzählt, sie, die Gottliebin, sei als kleines Kind mehrfach im Schlaf von unbekannten Mächten entführt worden; als die Mutter es bemerkt und aufgeschrien habe, sei das Baby an der Stubentür zu Boden gefallen.

Im Februar 1840, in einem Zustand hoffnungsloser Armut, halluziniert Gottliebin einen Regen von »Zaubergeld«, sie erschrickt, schickt einen Jungen in die Stube, in der angeblich Taler herumliegen, doch dieser kommt zurück und sagt: »Bäsle, ich find nichts.« Als sie selbst nachgesehen habe, seien die Geldstücke verschwunden gewesen.

Wir können festhalten: Die innerpsychische Wirklichkeit des Mädchens ist eng verwoben mit ambivalenten magischen Erwartungshaltungen, die ihrer Notlage entspringen und die in Form von Halluzinationen nach außen projiziert werden. Ein gewichtiges Stück Aberglaube lebt unter der Schicht christlicher Erziehung fort.

Urform der Psychotherapie

Was aber hat es nach Ausbruch der Phänomene mit dem Therapieversuch Pfarrer Blumhardts auf sich? Versteht man den anfänglichen Klopfspuk auf der Ebene der psychischen Realität des Mädchens, ohne sich in der Faktizitätsfrage zu verstricken, so signalisiert diese Botschaft, wie in so vielen Fällen von Besessenheit, ein Prodromalsymptom. Das Klopfgeräusch sagt: Es will etwas hinein in den Raum des Bewußtseins des Mädchens, in das Bewußtsein der sozialen Gruppe, in der es lebt. Der Charakter des Signals ist, aufmerksam zu machen auf eine innerpsychische und materielle Notlage.

Blumhardt versteht dieses Signalement nicht. Er geht in Reserve. Genau so, wie es Psychoanalytiker tun, bevor sie einen Patienten zur Therapie akzeptieren. Zögern und Abwehr – das ist ja auch bei der psychoanalytischen Behandlung, besonders bei Schizophrenen, eine erste Reaktion, bevor man die Schwere des Falles abschätzt.

Blumhardts erste Anstrengung war auf ihn selbst gerichtet, er fragt sich mehrfach: »Ist Satan hier im Spiel, ist's recht, es dabei zu belassen?« Er betet, fastet und überwacht sich selbst genauso wie der Therapeut, der Psychosen behandeln will, seiner eigenen »Gegenübertragung« höchste Aufmerksamkeit widmet, bevor er die innere Welt der Wahnvorstellungen schizophrener Patienten exploriert. Der Psychoanalytiker Benedetti[62] vergleicht die Verschlimmerungen der Besessenheitssymptome der Gottliebin mit der offenkundigen Verschlimmerung psychotischer Symptome infolge des Widerstandes der Patienten. Der Patient versuche, den Therapeuten zu überwältigen, der darauf reagieren muß, indem er solche Wünsche frustriert, Und dies, so sagt Benedetti, habe Blumhardt getan. Der Unterschied scheint mir aber darin zu liegen, daß der heutige Therapeut sich dieser Sachlage bewußt ist, während Blumhardt nur aus einem instinktiven Verständnis heraus die Interaktionsmechanismen des therapeutischen Prozesses in ihren Ansätzen begreift.

Induktionseffekte im Interaktionsprozeß

Trotz dieser psychologischen Wachheit des Exorzisten kann die Frage nach einem in sich verschränkten Mechanismus der Übertragung – Gegenübertragung nicht ausgeklammert werden. Die Einstellung von Pfarrer Blumhardt legt einen therapeutischen »Induktionseffekt« zugunsten der Dämonenhypothese nahe, auf den sowohl die Gottliebin wie ihre Geschwister antworten. Die Argumentation von Benedetti muß vor dem zeitgenössischen Hintergrund interpretiert werden; gerade in jüngster Zeit haben Psychoanalytiker wie Argelander wichtige Einsichten zutage gefördert, die den therapeutischen Prozeß als Interaktionsvorgang in seinen Reaktionen und Gegenreaktionen in einem neuen Licht erscheinen lassen.

Wie aber reagiert die Familie auf den gelungenen Heilungsversuch bei der Gottliebin? Um es kurz zu sagen: mit hysterischer Ansteckung. Die »Dämonenbesessenheit« des halbblinden Bruders und der Schwester Katharina provozieren eine erneute Zuwendung des Pfarrers. Dieser nimmt beide in sein Haus auf, und dort vollzieht sich der Endkampf. Man kann den Gedanken nicht von der Hand weisen, daß diese Anfälle »zweckbestimmt« waren. Zu guter Letzt ist man versucht, mit Shakespeare zu sprechen: »Ende gut, alles gut.« Eine kritische Phase in der Persönlichkeitsentwicklung der Gottliebin Dittus ist überwunden, sie ist aus dem Arme-Leute-Milieu aufgestiegen in den Haushalt des Pfarrers, später geht sie mit ihm nach Bad Boll, heiratet und wird schließlich Industrielehrerin. Bruder und Schwester sind versorgt, und es spricht für das psychologische Einfühlungsvermögen von Pfarrer Blumhardt und das Klima innerhalb seiner Familie, daß nie-

---

[62] G. Benedetti, Blumhardts Seelsorge in der Sicht der heutigen psychotherapeut. Kenntnis, in: Reformatio, 1960, 474–487, 531–539.

mand mehr aus der »Dittusschen Verwandtschaft« zu Dämonenanfällen greifen muß, um eine erneute Zuwendung zu provozieren.

4. Auswüchse der Besessenheitstherapie in religiösen Subkulturen

Bislang habe ich versucht, den Sachverhalt der »dämonischen« Besessenheit und seiner Therapie vorwiegend individualdiagnostisch bzw. in Wechselwirkung mit dem Exorzisten aufzuhellen. Anhand der Fälle der Gottliebin Dittus und der Doris Fischer hat sich gezeigt, wie sehr kulturspezifische Zeitströmungen in den Kommunikationsprozeß eingehen.

Mir will scheinen, daß diejenigen Sachverhalte, die beim Einzelwesen Mensch zu einem Auseinanderklaffen unterschiedlicher Antriebe und Wertsysteme führen, beispielhaft sind für größere gesellschaftliche Zusammenhänge.

»Verdrängt« man die angesprochene Fragestellung, so werden leicht Gegenpositionen wach, die in religiösen Subkulturen ihre Übersteigerung in Auswüchsen finden.

Als Modell sei die Kontroverse zwischen R. Bultmann und K. Koch im Raum der evangelischen Theologie angeführt. Bultmann argumentierte: »Erledigt ist durch die Kräfte und Gesetze der Natur der Geister- und Dämonenglaube.«[63] Dagegen fordert K. Koch eine Entmythologisierung im Gegensinn von Bultmann: »Der Teufel wird seines mythischen Charakters entkleidet und als furchtbare Realität erkannt und genannt. Kein Gebiet zeigt so drastisch die Unhaltbarkeit der Bultmannschen Theologie wie gerade die Seelsorge an okkult Behafteten ... Magisches okkultes Handeln in der Gegenwart ist ein Brennpunkt, an dem die Frontstellung Civitas Dei – Civitas Diaboli deutlich wird, und zwar heute genau so aktuell wie in der Zeit Jesu. Wir stehen ja noch immer in Anbruch der Gottesherrschaft bis zu ihrer Manifestation vor aller Welt in der Parusie.«[64]

Wie sehr eine derartige Polarisierung der »Frontstellung Civitas Dei – Civitas Diaboli« unter Berufung auf Koch und Blumhardt zu Auswüchsen führt, ist in einer religiösen Subkultur offenkundig geworden.

In einer evangelischen Brüdergemeinschaft in Baden-Württemberg, die sich das Ziel gesetzt hatte, solchen kranken und beladenen Menschen zu helfen, denen die Medizin nicht mehr weiterhelfen konnte, befand sich ein Mäd-

---

[63] Neues Testament und Mythologie, 18; vgl. Anm. 5.
[64] Seelsorge und Okkultismus, 281 und 244; vgl. Anm. 4.

chen, Anfang bis Mitte zwanzig. Ihr Krankheitsbild war unklar und entsprach in manchem dem, was wir von Besessenen gehört haben. Der leitende Pfarrer dieser Bruderschaft informierte sich in der Literatur, genauer bei Ch. Blumhardt und K. Koch.

Man begann mit Gebeten und Handauflegung. Es meldeten sich »Stimmen des Lichts«, die mit einem Bibelzitat begannen und Ratschläge für die Heilung gaben, und »Stimmen der Finsternis«, die den »Satan« verrieten. Das entscheidende Merkmal des Satans: Er wußte Dinge, die niemand sonst wußte, Geheimgehaltenes und Verborgenes. Nachprüfungen ergaben die Richtigkeit der Angaben. Von nun an stand fest: Das kann kein Mensch wissen, das muß der Teufel sein. Die unflätigen und unmoralischen sowie areligiösen Bemerkungen der »Stimmen der Finsternis« bestätigten nur die Vermutung des Pfarrers: Wir haben es mit dem Satan zu tun, den wir besiegen müssen mit Hilfe der »Stimmen des Lichts«. Diese Stimmen gaben Anweisungen, zerstreuten Zweifel.

Aufgrund der »Stimmen des Lichts« wurde der Dämonenkampf mit Gebet und Handauflegungen weitergeführt. Zunächst wurde die Hand auf die Kleidung der Besessenen deponiert, dann darunter.

In der Folgezeit kam es in dieser, immer stärker vom Bewußtsein eines gigantischen Ringens durchdrungenen, fanatisierten Gruppe zum »Nacktgebet« gegen den Satan. Da die »guten« Stimmen mit Hilfe von Bibelzitaten immer wieder geschickt klarmachten, man könne diesen Kampf nur mit dem Einsatz der ganzen Person bestehen und den Sieg davontragen, und zu diesem Kampf raffiniert eingefädelte und detaillierte Vorschläge unterbreiteten, kam es zu der »letzten Waffe gegen den Satan«: dem »Geschlechtsgebet«.

Die evangelische Kirchenleitung hatte inzwischen von den Exorzismen in dieser Gruppe erfahren und verbot strikt irgendwelche Teufelsaustreibungen. Die Fanatiker aber, überzeugt, sie hätten es mit dem Satan persönlich zu tun, waren entschlossen, den entscheidenden Kampf bis zum siegreichen Ende zu führen, notfalls auch gegen die Anweisung der Kirchenbehörden.

Epidemieartig zeigte eine ganze Reihe anderer Frauen ähnliche Symptome, und der Satan wurde ausgetrieben, wo immer er sich zeigte. Eine militant aggressive Strategie gegen den »Bösen« verdrängte jeden Zweifel, bis nach gegebener Zeit eine Anzahl von »Dämonenkindern« geboren wurde. Ein Gerichtsverfahren war das Nachspiel.

In einer solchen Konfiguration eines gruppendynamischen Prozesses zeichnen sich vier Faktoren ab, die in ihrem Zusammenspiel mit hoher Wahrscheinlichkeit für den Exzeß verantwortlich waren.

a) Zu den Vorentscheidungen, die innerhalb dieser Gruppe, vor allem aber bei deren Leiter, wirksam waren, muß die Bewertung des Gesamtbereiches der okkulten Phänomene und Praktiken gezählt werden. Alles Okkulte wurde als Ausfluß dämonischer Mächte verstanden, jede okkulte Praktik (Pendeln, spiritistische Praktiken, Kartenschlagen, Bleigießen, Besuch bei Hellsehern etc.) galt als »Okkultsünde«; man ging der »Okkultbehaftung« nach bis in die Ahnenreihe, um einen Zusammenhang zwischen den Okkultsünden von Eltern oder Großeltern und gegenwärtigen Krisensituationen stiften zu können. Der dadurch geschaffene irrationale Komplex mußte sich irgendwann entladen.

b) Das ätiologisch unklare Krankheitsbild der Patientin führte den Gruppenleiter dazu, den biblischen Auftrag der Krankenheilung durch Handauflegung wörtlich zu nehmen. In der Folgezeit entstand eine Dissoziation der Persönlichkeit.
So enthalten die »Stimmen des Lichts« nicht nur die »guten« Seiten der Besessenen. Sie kennen sich zwar gut in der Bibel aus, aber sie arbeiten so geschickt auf die Erfüllung sexueller Wünsche der Patientin hin, daß eine naiv-kämpferische Frömmigkeit auf das Zeugnis der »Übernatur« in einen Erfüllungszwang gerät.

c) Das unerklärliche Wissen der »Stimmen der Finsternis«, die sich aus der Besessenen meldeten – vermutlich auf außersinnliche Wahrnehmungen zurückzuführen –, wurde zusammen mit dem äußeren Symptombild einer »Besessenheit« als Beweis für das konkrete Vorhandensein und Auftreten Satans genommen. Mit einem Male hatte man in der Okkultbehaftung den Satan selbst gestellt, die Vorentscheidung sah sich in einer, naive Gemüter ungeheuer beeindruckenden Weise bestätigt; die »Stimmen der Finsternis« äußerten in einem »teuflischen« Kontext Okkultes. Aber auch die »gute Seite«, vertreten durch die »Stimmen des Lichtes« bei dieser Besessenen, wußte Verborgenes und Geheimes. Aber da diese Äußerungen in frommem Kontext – zur Überwindung Satans – getan wurden, nahm man sie als Beleg für das Wirken Gottes. Für die Gemeinschaft war plötzlich ein Kampf ausgebrochen zwischen Gott und Satan. Die Bruderschaft und ihr Leiter glaubten, diesen Kampf bis zum endgültigen Sieg durchführen zu müssen.

d) Als ein weiterer, ganz entscheidender Faktor in diesem prozeßhaften Geschehen muß die militant dynamische Offensivstrategie gegen das Okkulte angesehen werden, die diese Gruppe auf ein spezifisches ideologisches Konzept einschwor. Mit dem Auftreten der Besessenheit war der »Glücksfall« eingetreten, daß in der subjektiven Erwartung die

Okkultideologie ihre Bestätigung erhielt und zugleich »im Namen des Herrn Jesu« zum massiven Kampf gegen Satan antreten konnte. Als das Verbot der Kirchenbehörde eintraf, hatte man bereits »die Brücken hinter sich abgebrochen«, das Bewußtsein einer Elite hatte sich herausgebildet, die keinen Outsider duldete, der Zweifel hegte gegenüber dem Einsatz der »letzten Waffe« gegen Satan, der Sexualität.

Auswüchse dieser Art zeigen sich in unserer Zeit nicht nur vereinzelt in evangelischen, sondern auch in katholischen Subkulturen bzw. sich absplitternden Sekten.
Vor einigen Jahren übte ein exkommunizierter katholischer Geistlicher innerhalb einer deutsch-schweizer Sektengemeinschaft einen Exorzismus aus, der mit dem Rituale Romanum und seinen Vorschriften jedoch wenig zu tun hatte. Ein pubertierendes Mädchen wurde auf grausame Art gequält und mißhandelt, um bei ihr »den Teufel« auszutreiben. Auch hier wurde der Exorzist angeklagt und verurteilt.
Zweifellos gibt es in der Geschichte des Exorzismus gut dokumentierte Fälle, bei denen Ausschreitungen vorgekommen sind[65] oder vorgeworfen wurden. Sie stellen jedoch nicht die Regel, sondern die Ausnahme dar, die durch Eigeninitiative eines fehlgeleiteten Glaubensverständnisses oder durch entsprechende Gruppenprozesse provoziert und gestützt wurde.

IV. KRITIK, FOLGERUNGEN, NEUE ASPEKTE

Ziel dieses Beitrages ist es, »verständliche Zusammenhänge«[66] aufzudecken zwischen der Entstehung eines komplizierten Symptombildes und seiner Deutung als »dämonische« Besessenheit. Psychisch kranke Menschen sind es,

---

[65] H. C. Lea, Materials towards a History of Witchcraft, London und New York 1957; Johannes Wier, Histoires, Disputes et Discours des Illusions et Impostures des Diables, des Magiciens infames, Sorcières et Empoisonneurs; des Ensorcelez et Démoniaques et de la Guérison d'iceux: item de la punition que méritent les Magiciens, les Empoisonneurs et les Sorciers (1579 erschienene französ. Übersetzung von »de praestigiis daemonum« ... 1563) Bibliothèque diabolique, Paris 1885; Samuel Garnier, Barbe Buvée et la prétendue Possession des Ursulines d'Auxonne (1658–1663). Etude historique et médicale d'après des manuscrits de la Bibliothèque nationale et des Archives de l'ancienne Province de Bourgogne, Paris 1895; vgl. auch das in Anm. 18 erwähnte Buch von J. v. Görres.
[66] K. Jaspers, Allgemeine Psychopathologie. Heidelberg, Springer 1913, [9]1973.

nicht selten »Ausgesteuerte« der Medizin, mit einer Krankheitsgeschichte, aus der sich neurotische Entwicklungen ablesen lassen und/oder weitere Störungen, die der Psychopathologie nicht unbekannt sind.

Aus einem Vergleich des Fallmaterials geht hervor, welch gewichtiger Anteil der Deutung aus dem Wechselspiel zwischen Selbst- und Fremdinterpretation der inneren Lebensgeschichte, ihrer subjektiven Erfahrungen und Wertungen besteht.

Man stelle nur die Krankheitsgeschichten der Gottliebin Dittus der von Doris Fischer, die Tagebuchaufzeichnungen der Schwester Maria vom Hl. Sakrament den Protokollen von Ludwig Staudenmaier gegenüber. Ähnlichkeiten des funktionalen Zusammenspiels bei diesen unterschiedlich ablaufenden psychischen Prozessen lassen sich kaum leugnen.

Gemeinsamkeit besteht darin daß die menschliche Psyche auseinanderklaffende Antriebe und Strebungen nicht mehr integrieren kann; gegensätzliche Wert- und Sozialisierungsmuster werden mobilisiert. Dieses Ingangsetzen eines psychodynamischen Prozesses der Dissoziation der Psyche kann auf vielfältige Weise eingeleitet werden: durch eine schleichende Entwicklung, wie wir sie von psychiatrischen Krankheitsbildern kennen, sie kann von einem traumatischen Erlebnis ausgelöst werden, das die Einheit zwischen Vorstellung und sie begleitendem Affekt abrupt stört und nicht weiter verarbeitet werden kann. Weiter können durch spiritistische Techniken »psychische Automatismen« (H. Bender) mobilisiert werden, die als ein »Steigrohr des Unterbewußten« dienen und in personifizierter Form abgespaltene Komplexe zutage treten lassen.

Unterschiede bestehen aber in der Diagnose und Therapie, je nachdem, in welchem Umfeld die Krankheit oder Störung geortet und diagnostiziert wird.

Entscheidend ist wohl der Krankheitsbegriff. Im Falle der Psychopathologie, der Tiefenpsychologie und der klinisch-diagnostischen Psychologie liegen rational begründete, in einer langen Erfahrung bestätigte Kriterien für eine Diagnosestellung vor. Die wenn auch unterschiedlichen Suchbilder orientieren sich an der leib-seelischen Ganzheit des Menschen, seiner Entwicklungsgeschichte, dem sozialen Umfeld. Dabei fällt der Diagnosestellung die entscheidende Weichenstellung für eine angemessene Therapie zu.

Vergleicht man die Diagnosestellung für das Urteil »dämonische« Besessenheit, so ist klar festzustellen, daß die Kriterien des Rituale Romanum – so interessant sie in der historischen Entwicklung sein mögen – ungeeignet sind, ihren eigenen Anspruch zu erfüllen. Die personifizierende Mythologisierung parapsychischer Fähigkeiten kann nur noch von religiösen oder

quasireligiösen Subkulturen ins Treffen geführt werden; offizielle kirchliche Verlautbarungen[67] haben hier neuerdings einen Riegel vorgeschoben.
Wie aber sieht die Argumentationskette der Verfechter einer »dämonischen« Besessenheit aus, vor der Kardinal Höffner so eindringlich gewarnt hat? Balducci kommt zu folgenden Konsequenzen. Unter der Überschrift »Die teuflische Besessenheit« führt er aus: »Diese besteht in der unmittelbaren Herrschaft Satans über den Körper und mittelbar über die Seele eines Menschen. Sie zählt zu den schwersten und schrecklichsten außergewöhnlichen Phänomenen, die den Betroffenen unabwendbar zu einem gefügigen Instrument der despotischen und perversen Macht des Teufels macht.«[68]
Das zweite Glied in der Argumentation von Balducci und Rodewyk sieht so aus: »Physische Phänomene ohne gleichzeitige metapsychische (– in unserem Sprachgebrauch: parapsychische) beweisen nichts für eine dämonische Besessenheit. Wo sich aber in ein und demselben Menschen beides zusammenfindet, ist es allein schon ein starker Hinweis für das Bestehen einer dämonischen Besessenheit.«[69]
Was geschieht eigentlich in dieser Schlußfolgerung? Wenn Beweis 1 (psychopathologische Krankheitsformen) nicht ausreicht, wird eine neue Symptomgruppe 2 (parapsychische Fähigkeiten) hinzugenommen, von der wir wissen, daß sie einen ebenso natürlichen Ursprung hat und gerade auf dieser Basis im speziellen Fall ihre Fähigkeiten entfaltet.
Diese additive Form der Argumentation enthält einen Trugschluß: daß durch ein quantitatives Mehr an Phänomenen ein qualitativ Anderes – die »dämonische« Besessenheit – entsteht.
Als weiterer Beweis wird die eigene Tönung der »teuflischen Phänomene« angeführt, »die sich aus der besonderen Situation des Besessenen ergibt«.[70]
Wenig später wird dann behauptet: »Diese Phänomene sind unabhängig von besonderen Umständen, Verhältnissen ... und auch von der betreffenden Person selbst.«[71] Man fragt sich, ob die Verfechter derartiger Thesen nicht in der Lage sind, ihre eigenen Widersprüche zu erkennen.
Gewiß, Rodewyk hat Erfahrung als Exorzist, wie aus seiner Darstellung des Falles der Schwester Magda (Pseudonym) hervorgeht[72]. Aber stimmt es

---

[67] W. Rorarius und H. Aichelin, Parapsychologie und Theologie, Evangelische Zentralstelle für Weltanschauungsfragen, Nr. 67, III/77; vgl. Anm. 27, 28.
[68] Priester, Magier, Psychopathen, 93; vgl. Anm. 2.
[69] A. Rodewyk, Die dämonische Besessenheit ..., 107 f; vgl. Anm. 1.
[70] A.a.O. 108.
[71] Ebd.
[72] Dämonische Besessenheit heute ..., vgl. Anm. 1.

nicht nachdenklich, wenn aus den Akten der Bischöflichen Kommission und einer mir zugegangenen Mitteilung des Bischöflichen Presseamtes der betreffenden Diözese hervorgeht, daß bei der Schwester Magda keine »dämonische« Besessenheit vorlag? Problematisierend machen sich bei Verfechtern einer Dämoneneinwirkung in der Besessenheit zwei Charakteristika bemerkbar. Das ist einmal die Frage nach der Authentizität der Berichte über Besessenheit. Nicht selten ersetzen gezielt eingestreute Bemerkungen »vom Hörensagen« eine vollständige Falldarstellung. Dem nachzugehen, wäre ein Problem für Historiker.

Das zweite Merkmal ist die Militärsprache, wenn es um die Anwendung des Exorzismus geht. Ein Musterbeispiel dafür ist van Dam, der unter dem Titel »Kampf und Sieg« zunächst »die Waffen« beschreibt, sodann den »Nahkampf« und den zu erwartenden »Widerstand«[73].

Kardinal Höffner, der derzeitige Vorsitzende der Deutschen Bischofskonferenz, gehörte seinerzeit jener bischöflichen Kommission an, die den von Rodewyk beschriebenen Fall der Schwester Magda untersuchte. Damals warnte er vor einer vorschnellen Dämonisierung. Seine jüngsten Verlautbarungen sind noch um einige Grade deutlicher. Die entscheidende Nuance ist diese: Die Kompetenz wird dabei den Medizinern, Psychologen und Parapsychologen zuerteilt. Damit wird eindeutig Abschied genommen von einer historisch gewachsenen Form der »Priesterheiler« in der Vorgeschichte der modernen Medizin.

Es bleibt zu hoffen, daß ein interdisziplinär besetztes Gremium, wie es Bischof Stangl vorgeschlagen hat[74], sich der vielschichtigen Problematik annimmt und bald eine Klärung in einem Raum der Besonnenheit herbeiführt.

Man darf dabei jedoch nicht verkennen, daß innerhalb einer derartigen Kommission ebenso eine »Übersetzungsarbeit« zum Verständnis gegenseitiger Positionen zu leisten ist wie eine unmißverständliche Verdeutlichung vor der Öffentlichkeit.

Ich würde es begrüßen, wenn dieses Buch den Anstoß dazu liefert, irrationale Reaktionen gegenüber der »dämonischen« Besessenheit abzubauen, und zu einem tieferen Verständnis dessen hinführt, was die Theologie von heute zu diesem Thema zu sagen hat.

Das Manuskript des Beitrags von Johannes Mischo wurde im Juni 1977 abgeschlossen.

---

[73] Dämonen und Besessene, 275, 280, 283; vgl. Anm. 3.

[74] Vgl. Anm. 37.

SACHREGISTER

Das folgende Register will nicht erschöpfend sein, sondern nur eine Hilfe zur Erfassung der sachlichen Querverbindungen innerhalb der vier Beiträge dieses Bandes bieten. Die Zahl der Stichworte wurde darum bewußt eingegrenzt. Selbstverständlich beziehen sich alle Themen (z. B. Personbegriff / Personalität) auf die Problematik Dämonen – Teufel – Exorzismus und werden nur in diesem Horizont erörtert. Auf eine Fülle von Verweismöglichkeiten innerhalb des Registers wurde verzichtet, um eine leichte Überschaubarkeit zu gewährleisten. Einzelne Stichworte kann der Benutzer selbst ergänzen, z. B. das Böse, das Nichtige, Sünde usw.